LA PARFAITE HEROINE,

OV L'HISTOIRE DE LA VIE ET DE LA MORT D'ELIZABET, OU ISABELLE DE CASTILLE Reine d'Espagne, surnommée la Genereuse & la Catholique.

Tirée de plusieurs illustres Auteurs & Historiens.

Par F. HILARION DE COSTE Religieux de l'Ordre des Minimes de S. François de Paule.

A PARIS,
Chez EDME MARTIN, ruë Sainct Iacques au Soleil d'Or.

M. DC. LXI.

AVEC APPROBATION ET PERMISSION.

A TRES-HAVTE, TRES-ILLVSTRE & tres-vertueuſe Princeſſe

MADAME

FRANCOISE

DE NARGONNE

DE LA RIVIERE

Ducheſſe d'Angouleſme.

ADAME,

Allant rendre il y a quelque temps de pieuſes viſites à voſtre Alteſſe, nous parlaſmes de l'heureuſe alliance des deux Couronnes les premieres de la Chreſtienté; & vous ayant dit que pluſieurs illuſtres Ecriuains, & entre autres François de Malherbe diſoit, que la France donnoit des Rois, & l'Eſpagne des Reines; & vous ayant entretenuë des loüanges de pluſieurs Reines de la Maiſon de Caſtille & d'Eſpagne, & particulierement d'Iſabelle la premiere femme de Ferdinand V. laquelle tous les jours de ſa vie a eu des reſpects pour l'Ordre de Saint François: Voſtre Alteſſe me fit promettre d'écrire ſa vie pour luy ſeruir d'entretien dans ſa retraite. Ie m'acquite donc, MADAME, *de ma promeſſe, & je ſatisfais aux ordres qu'elle ma donnez. Ie croy,* MADAME, *que voſtre*

Alteſſe verra par la lecture de cette Hiſtoire, que cette excellente Heroïne eſt l'vne des plus illuſtres Princeſſes qui ait regné en Eſpagne, & luy fera leuer les mains au Ciel pour prier le Roy des Rois, que noſtre Auguſte Reine apporte autant de bonheur à la France, qu'Iſabelle de Caſtille ſa grande Ayeule en apporta en Eſpagne, & qu'elle nous donne des Princes auſſi vaillans & auſſi genereux que les Empereurs Charles V. & Ferdinand I. ou pluſtoſt des Princes auſſi pieux, & auſſi ſages que le grand Saint Louïs que Blanche de Caſtille donna autrefois à cette Couronne. Ce ſont les vœux de tous les bons François, & entre autres de celuy qui prend la hardiesse, en offrant à Vostre Altesse ce petit ouurage, de se dire,

MADAME,

Vostre tres-humble, & tres-obeïssant seruiteur selon Dieu,
F. HILARION DE COSTE.

Du Conuent des Minimes de la Place Royale, ce 26. Aoust 1660.

PREFACE.

IL y a enuiron trente-six ans que je donnai au public les Vies ou les Eloges des Hommes, & des Dames illuſtres en pieté, qui ont veſcu dans le XVI. ſiecle. Mais depuis ayant reueu cet ouurage j'y ay fait vn nouueau trauail, & deux de ces belles Vies qui n'auoient que ſept ou huit pages, en ont aujourd'huy vingt ou trente & dauantage. Ces vies ſont celles de Saint François de Paule, & de François le Picart, Seigneur d'Atilly, Docteur en Theologie de la Faculté de Paris, que j'ay fait imprimer ſeparément il y a quelques années. I'ay auſſi augmenté l'Eloge de la pieuſe, vaillante & ſçauante Heroïne Iſabelle de Caſtille Reine d'Eſpagne, & je me ſuis ſenti obligé (mon cher Lecteur) de vous en faire preſent pendant les triomphes de la Paix, & de la tres-heureuſe alliance de la France & de l'Eſpagne. I'ay creu que cet ouurage vous ſeroit peut-eſtre auſſi agreable que ceux dont je viens de vous parler, & particulierement que la vie de cet excellent Docteur, & parfait Eccleſiaſtique, qui ſe monſtra tandis qu'il veſcut le fleau des heretiques, lesquels s'éleuerent de son temps contre l'Eglise, & qui fut d'ailleurs plein de zele pour la gloire de la Vierge Mere du Sauueur du monde, ainsi qu'il le fit paroistre en plusieurs de ses actions, & entre autres dans l'office qu'il composa à l'honneur de son immaculée Conception, que l'on void dans les Heures de l'Ordre de Font-Euraud. Cette grande Princesse de Castille, que je puis nommer sans flaterie *la Parfaite Heroïne*, a fait paroistre vne affection entiere pour l'Eglise, & pour la veritable Religion, à la prise des villes de Malaga & de Grenade sur les Infideles, dans le bannissement des Iuifs & des

Maurisques de ses terres & de ses Royaumes, & dans la fondation qu'elle fit de l'Eglise Cathedrale de Grenade en l'honneur de Dieu, & de l'Immaculée Conception de sa tres-sainte Mere. Toutes sortes de personnes pourront faire leur profit en la lecture de ce petit Liure. Les Princes & les Princesses, & tous les Grands pourront imiter la pieté, la liberalité, & la generosité de cette illustre Reine, qui fut la mere de ses peuples. Les personnes de mediocre condition y apprendront à regler leurs maisons, & à éleuer leurs enfans. Les Ecclesiastiques, les Religieux, & les Religieuses auront sujet de l'imiter en sa sobrieté, en ſa pureté, & en la haine des vices contraires à ces belles vertus. Les pauures conſiderant ſes ſouffrances, & les afflictions qu'elle receut durant ſa vie, apprendront à ne pas murmurer. Et enfin toutes ſortes de perſonnes beniront le ſaint nom de Dieu, d'auoir comblé cette Reine de tant de vertus & d'excellentes qualitez. Elle conquit les Royaumes de Caſtille, de Leon & de Galice ſur ſes ennemis, elle tira des mains des Maures celuy de Grenade, elle ſubjuga les Iſles de Canarie par ſes Lieutenans: ſa bonté & ſa liberalité découurirent le nouueau monde, & amenerent ſes habitans idolâtres à la veritable Religion. Et pour dire tout en vn mot, (mon cher Lecteur) ſi vous liſez cette Hiſtoire, vous trouuerez voſtre ſatisfaction & voſtre contentement.

LA

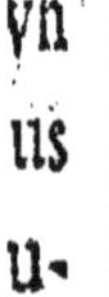

LA PARFAITE HEROINE OV L'HISTOIRE DE LA VIE ET DE LA mort d'Elizabet, ou Iſabelle de Caſtille Reine d'Eſpagne, ſurnommée la Genereuſe, & la Catholique.

PREMIERE PARTIE.

1. *C'eſt vn honneur à la Caſtille d'auoir donné à l'Eſpagne la Reine Iſabelle, femme de Ferdinand V. Princeſſe plus genereuſe que ſon mari, bien qu'il fuſt vn*

Prince excellent, & plein d'esprit. II. *Reines genereuses & vertueuses sorties de Castille & d'Espagne.* III. *Blanche de Castille Reine de France, belle & pieuse Princesse.* IV. *Noblesse des ancestres paternels & maternels d'Isabelle de Castille Reine d'Espagne.* V. *Sa naissance, & la mort de son pere Iean II. Roy de Castille.* VI. *Son education sous sa mere Isabelle de Portugal Reine de Castille.* VII. *Henry IV. Roy de Castille son frere paternel ne l'affectionne pas. Elle dissimule auec adresse de sçauoir la mauuaise volonté de ce Prince, & appaise les ligueurs & les rebelles qui s'estoient reuoltez contre Henry en faueur d'Alfonse frere paternel & maternel d'Isabelle.* VIII. *Isabelle est proclamée Princesse & heritiere de Castille, aprés auoir promis de ne se point marier sans le consentement du Roy Henry, qui luy veut faire épouser vn Gentilhomme Espagnol.* IX. *Aprés auoir refusé genereusement ce mariage, elle est recherchée par trois grands Princes, & épouse Ferdinand Prince d'Arragon, sans le consentement du Roy son frere.* X. *Henry Roy de Castille la desherite, & fait declarer Ieanne de Castille, sa fille supposée, heritiere & Princesse de ce Royaume-là, & la fiance à Charles Duc de Guyenne.* XI. *Mort du Duc de Guyenne; & Isabelle accouche de sa premiere fille.* XII. *Par l'entremise du Cardinal de Mendoça, & de Beatrix de Bouadilla, Isabelle void le Roy Henry à Segouie.* XIII. *Mort de Henry IV. Roy de Castille.*

I. CELVY qui durant les triomphes de la Paix tant desirée entre les Couronnes de France & d'Espagne, refuseroit des honneurs & des eloges à Elizabet, ou Isabelle de Castille Reine d'Espagne, surnommée la *Genereuse* & la *Catholique*, les refuseroit à la Vertu, & à la Pieté. C'est vn honneur à la Castille d'auoir donné à tant de grands Royaumes cette chaste, sage, sçauante, & vaillante Heroïne, qui ajousta au lustre de ſa naiſſance Royale, le brillant de toutes les vertus Chreſtiennes & morales, qui la rendirent plus illuſtre que ſa pourpre & ſon diadéme, & dont la memoire ſera à jamais auguſte & venerable à toutes les Prouinces & les Royaumes des Eſpagnes. Car quoy qu'en veulent dire les Caſtillans & les Arragonois, ils luy ſont redeuables de leur grandeur, de leurs richeſſes, & de leur puiſſance. Ie ſçay qu'il y a des Hiſtoriens Eſpagnols qui ne demeurent pas d'accord de cette verité, qui veulent éleuer la gloire de Ferdinand ſur les ruines de la ſienne; mais quoy qu'ils puiſſent dire, il faut qu'ils confeſſent que cette femme eſtoit plus maſle, & plus genereuſe que ſon mari, ainſi que l'a fort bien remarqué vn celebre Auteur de ce temps, qui eſtoit ſujet des Rois Catholiques. Il faut eſtre fort nouueau dans le monde, & n'auoir eu ni la conuerſation des honneſtes gens, ni celle des Liures, pour ne pas auoir appris que Ferdinand, qui d'ailleurs eſtoit vn fort grand Prince, n'auoit pas fait de difficulté d'enuahir les Eſtats de ſes voiſins, car l'on ſçait qu'il s'eſt emparé du Royaume de Naples ou de la Sicile de deçà le Far, ſur noſtre bon Roy Louïs XII. Qu'il a vſurpé celuy de

Iuſtus Lipſius in monitis & exemplis politicis.

Maritus cætera vir egregius reſtrictior, aut timidior erat, retinere ſua melior quàm augere. Hæc dilatabat.

Nauarre sur le Roy Iean III. de la Maison d'Albret, & la Reine Catherine de Foix sa femme, auec plus de bonne fortune, qu'il n'y a acquis de veritable honneur. L'on sçait encore qu'il reconnut fort mal la valeur & la fidelité de Gonzales Ferdinand de Cordoüa, à qui il fit souffrir l'ostracisme dans sa propre patrie, aprés luy auoir rendu mille signalez seruices, & luy auoir conquis le Royaume de Naples, à cause que ses victoires luy estoient suspectes. Mais Isabelle se porta toûjours aux entreprises heroïques & Chrestiennes. C'est à cette Princesse que l'Espagne doit la principale gloire de l'expulsion & de l'extirpation des Maures, ou Mores du Royaume de Grenade. Ce fut elle qui donna à l'Espagne ce grand Capitaine Dom Gonzales Ferdinand de Cordoüa, qui acquit tant de reputation aux guerres de Grenade & d'Italie. Ce fut elle qui introduisit dans les Conseils d'Espagne ce grand Ministre, François Ximenés Archeuesque de Tolede & Cardinal, l'vn des premiers hommes du monde, tant pour son zele enuers la Religion, que pour sa fidelité enuers ses Princes & Souuerains, & son affection enuers les hommes de merite.

Ce fut elle qui assista Colomb à la conqueste des Indes, & des Terres neuues, qui trauailla la premiere à la conuersion de ces peuples, qui estoient enuelopez, & comme perdus parmi les abominables tenebres du Paganisme.

II. Nous deuons icy adjouster à la loüange de la Castille & de l'Espagne, qu'elles ont souuent donné aux autres Royaumes de l'Europe des Reines & des Princesses renommées pour leur sagesse, leur vertu & leur generosité. Le Portugal & toute l'Eglise parlent de la sainteté d'Elizabet d'Aragon Reine de Portugal, qui fut beatifiée par les Papes Leon X. & Paul IV. & canonisée par Vrbain VIII. le 25. May de l'an 1625. De qui Iean Pierre Perpinian, Antoine de Vasconcellos, Loüis de Mendoça, Iaques Fuligati, Blaise Freyre de Pinna, Luc Vadingue, Artus du Moustier, Iean Caramuel Loblocowits, Iean Tamaio Salazar, & plusieurs autres celebres Auteurs ont fait les panegyriques. L'Alemagne loüe les vertus de l'Imperatrice Marie, femme de l'Empereur Maximilien II. L'Angleterre, la sage Reine Catherine, à qui Erasme a dedié son Liure de la Femme Chrestienne, & vne infinité d'autres, dont

J'ay publié en Latin la Vie de cette Sainte Reine.

la memoire eſt en benediction parmi les peuples où elles ont commandé. Monſieur de Malherbe qui a paſſé pour le plus poli & le plus judicieux Poëte de ſon ſiecle, dit en l'Epithalame qu'il a fait du feu Roy Louïs le Iuſte d'heureuſe memoire, & de la Reine mere de noſtre Roy:

Certes c'eſt à l'Eſpagne à produire des Reines,
Comme c'eſt à la France à produire des Rois.

Noſtre France eſt redeuable de ſon luſtre, & de ſa reputation à pluſieurs de ſes Reines, qui eſtoient de la Maiſon de Caſtille. Ie ne parleray pas icy de cette Anne, de cette Reine, qui eſt mere de noſtre Roy, dont le courage, la prudence & la pieté dureront autant que le Soleil. I'apprehenderois d'eſtre ſoupçonné de flaterie, & de vouloir me concilier la grace des viuans au prejudice de la gloire des morts. Tout le monde admire ſes rares qualitez, ſes vertus ſont connuës de toute la terre, elle a fait voir en nos jours que la France eſt trop petite pour la contenir, & qu'elle ne pouuoit auoir d'autres bornes que celles du monde, par la paix qu'elle luy a procurée.

III. Ie parleray de Blanche de Caſtille fille d'Eleonor d'Angleterre, & d'Alfonſe IX. du nom, qui vainquit l'an 1212. Aben

Muhamed, Miramolin, en la bataille des Naues de Tholose, dite autrement de Muradat. Cette Princesse estoit aussi iuste & pieuse, qu'elle estoit rare en beauté. C'estoit vn soleil sur la terre, qui brilloit de mille vertus. La pudicité & la beauté furent toûjours chez elle en grande vnion, elle eut de la modestie & de la majesté, de l'adresse & de la simplicité. Toutes nos Reines qui ont vescu depuis elle, & qui ont esté faites Regentes en France, ont pris en sa consideration le nom de Reines Blanches. Elle eut du Roy Louïs VIII. surnommé *Cœur de Lion*, plusieurs enfans qu'elle éleua fort sainctement, en sorte qu'ils passerent de leur temps pour des merueilles. Ils furent aimez de leurs peuples, & admirez de tous les Estrangers, entre autres ce grand Prince la merueille de nos Rois Louïs IX. le plus sainct de tous nos Monarques Tres-Chrestiens, & les veritables fils aisnez de l'Eglise. Mais si nos Annalistes & nos Historiens, particulierement celuy qui a écrit en Latin les faicts de S. Louïs, & Monsieur le Comte d'Auteuïl, qui a fait la vie de cette Reine, la louënt pour la plus sage, & pour la plus prudente femme de son siecle, com-

Hæc fuit omnium mulierum sui temporis prudentissima: venerunt omnia bona regno Frãciæ pariter cum illa.

me celle qui a porté à la France tout le bonheur dont elle jouït : les Espagnols asſurent que nostre Isabelle fut la Dame la plus auisée, & la plus judicieuse, qui ait jamais commandé à la Castille, & à l'Arragon. Ce fut sous elle que ces deux Royaumes furent reünis aprés auoir esté separez quatre cens quarante-cinq ans. Ce qui donna commencement à la Monarchie des Espagnes, qui commande aujourd'huy plusieurs autres grands Royaumes, tant en Europe, qu'en Asie, Afrique, & Amerique.

IV. Vn autre que moy la pourroit louër de la noblesse de son extraction, & dire qu'elle est issuë du costé paternel des Rois de Castille, les premiers Rois d'Espagne, & du maternel des Rois de Portugal, qui sortoient de la Maison de France, la premiere & la plus noble du monde. Iean II. du nom Roy de Castille, & de Leon, Prince qui affectionnoit les sçauans, & aimoit les belles lettres, & qui gagna Gilbratar sur les Infideles, fut son pere. Son ayeul fut Henry III. Prince qui ne promettoit que de choses grandes, & qui auroit esté capable de conquerir des mondes, si la santé le luy eust permis ; mais il fut tou-

Mariana lib. 18. & lib. 24. cap. 10. de rebus Hispania.

jours incommodé de mille maladies, & ne put jamais faire paroistre ses vertus. Il estoit fils de Iean I. Roy de Castille, & de Leon, qui eut pour pere le braue Henry II. Prince tres-genereux, qui gagna le Royaume de Castille sur son frere Pierre, surnommé le Tyran, & le Cruel, assisté des puissans secours que luy enuoya nostre Roy Charles V. que commanderent ces grands Capitaines Louis I. Duc de Bourbon Comte de Clermont, & de la Marche, & Bertrand du Guesclin Comte de Longueuille, & Connestable de France, qui vengerent la mort de Blanche de Bourbon Reine de Castille, que Pierre auoit fait mourir pour complaire à ses concubines Marthe de Padilla, & Ieanne de Castro aussi vicieuses, que cette bonne Reine estoit vertueuse. Froisard Historien estranger, & grand Partisan des Anglois, & l'Espagnol Mariana parlant de cette Reine luy donnent les qualitez de *tres-bonne*, & de *tres-sainte*, & disent qu'elle endura le martyre pour la iustice & la verité à Medina Sidonia. Isabelle de Castille Reine d'Espagne n'estoit pas moins noble du costé de sa mere, que de celuy de son pere; elle estoit fille d'Isabelle de Portugal Reine de Castille, qui estoit fille aisnée de Iean de Portugal, Grand Maistre de l'Ordre de S. Iaques, & Connestable de Portugal, qui estoit le cinquiéme fils de Iean I. du nom Roy de Portugal & des Algarbes, surnommé *le Pere de la Patrie*, & de sa femme Philippe de Lancastre Princesse de la Maison d'Angleterre. On auoit ignoré iusques icy la veritable origine des Rois de Portugal, ancestres maternels de nostre Heroïne. Les Historiens Espagnols, les Portugais, & tous les autres, ne s'accordoient pas là dessus (ainsi que nous l'ont fait voir les freres iumeaux Sceuole & Louïs de Sainte-Marthe dans le II. Tome de l'Histoire genealogique de la Royale Maison de France, page 790. du Liure XLI.) Mais enfin feu Monsieur Godefroy Historiographe du Roy a decidé nettement ce grand differend, & les a mis d'accord ensemble. Car ayant fait reflexion sur vn passage de nostre Histoire de France, composée par vn ancien anonyme, qui viuoit du temps du premier, ou du second Roy de Portugal, il a remarqué que cet Auteur dit en termes exprés que le Prince Henry de Bourgongne, qui alla faire la guerre en Espagne aux Infideles, se rendit par sa valeur maistre du Portugal, & qu'il en fut Comte. Il ajouste qu'il estoit second fils de Henry de Bourgongne, qui mourut auant Robert son pere Duc de Bourgongne, & que le Duc Robert estoit le deuxiéme fils de Robert Roy de France, fils du Roy Hugues Capet. De sorte que depuis cette remarque les plus fideles Historiens de ce temps, tant Espagnols, Portugais, François, que ceux du Païs-bas, & des autres nations, ont tenu cette opinion comme tres-assurée & tres-constante. Ainsi la noblesse maternelle de nostre Heroïne Isabelle de Castille Reine d'Espagne est fort bien establie. Car elle estoit petite fille des Rois de Portugal, qui descendoient de l'ancienne, & de la premiere Maison de Bourgongne (sortie de celle de France la premiere du monde) dont la lignée a duré trois cens ans, pendant laquelle elle a donné non seulement des Rois au Portugal, & à la Thessalie, & des Princes à la Sicile & à la Morée, & trois Daufins & vne Daufine au Viennois, ainsi que nous l'apprennent les titres & les Histoires genealogiques publiées ou écrites par Messieurs du Chesne, de Sainte-Marthe, d'Hozier, de Guichenon, de Wlson la Colombiere, du

I. A. Thuanus. A. du Chesne. A. Vasconcellius. Prudentio de Sandoüal. Monod. Mireus. Sainte-Marthes. I. Blauana.

Bouchet, Morin de la Masserie, Iustel, de la Roque, Dominicy, & les autres curieux & sçauans, dont les noms ne periront jamais.

Ayant donc parlé de la noblesse des ancestres paternels & maternels de cette grande Reine, il me semble à propos de dire quelque chose de son heureuse naissance.

V. Elle nasquit à Madrigal l'an mil quatre cens cinquante & vn, le vingt-troisiéme d'Auril, année à qui les Historiens Espagnols attribuent tout le bon-heur du Royaume de Castille, à cause de la naissance de cette Princesse, qui fut la gloire des Espagnes, & qui ayant succedé à ses freres à cette Couronne, restablit par son courage le bonheur & la paix parmi ces Prouinces, & repara les pertes que le peu de soin de ceux qui l'auoient precedé auoit causées. En ce temps Iean II. de ce nom Roy de Castille, & de Leon, qui fut son pere, ayant fait executer à mort Aluaro de Luna Connestable de Castille pour ses méchantes entreprises, resolut de gouuerner luy-mesme son Royaume, mais il mourut à Valladolid, le dix-neufiéme de Iuillet de l'année mil quatre cens cin-

Mariana cap. 10. lib. 22. de rebus Hispaniæ.

quante-quatre, âgé de quarante-neuf ans, aprés en auoir regné quarante-sept, & pour lors Isabelle n'auoit encore que trois ans. Henry son fils aisné, qu'il n'aimoit point à cause de ses méchantes inclinations, & qu'il auoit eu de Marie d'Arragon sa premiere femme luy succeda, âgé de trente-vn an : mais il ne témoigna pas beaucoup d'affection à l'endroit de sa sœur, & de son frere Alfonse, qui estoit né peu de temps auant la mort de son pere, & que ce Prince auroit bien voulu mettre sur le thrône, à cause de l'auersion qu'il auoit pour Henry, que quelques Historiens appellent *le Franc & le Liberal*, & qu'ils deuroient plustost nommer le *Prodigue*, & que d'autres appellent *le Froid & l'Impuissant*. Iean par son testament laissa à la Reine Isabelle de Portugal sa seconde femme, fille de Iean de Portugal Grand Maistre de l'Ordre de Saint Iaques, & Connestable de Portugal, les villes de Soria, de Madrigal & d'Arenalo, pour sa dot & pour son entretien. Il donna aussi aux deux enfans, sçauoir à l'Infant ou Prince Alfonse la Grand-Maistrise de S. Iaques, & à nostre Elizabet ou Isabelle, Princesse de grand cœur pour son âge, la ville de Cuellar, & vne grande

Mariana. L. de Mayerne. P. Mathieu.

ſomme de deniers pour la marier.

VI. Iſabelle fut éleuée à la pieté & aux bonnes mœurs par la Reine Iſabelle ſa mere, & donna dés ſa plus tendre ieuneſſe tant de marques d'vne vertu ſublime, que les Caſtillans ne la regarderent que comme vne perſonne extraordinaire, & ceux qui ont leu exactement l'Hiſtoire d'Eſpagne auront ſans doute remarqué les deferences que tous les peuples luy rendirent pendant les troubles qui ſuruindrent ſous le regne de Henry IV. ſon frere paternel, qui fut extrémement haï de la pluſpart de la Nobleſſe, & de tous ſes ſuiets, comme ils le firent bien paroiſtre par les ſeditions & les reuoltes qu'ils exciterent contre luy. Mais ce n'eſt pas mon deſſein de parler dans cet Eloge de noſtre genereuſe Iſabelle des manquemens & des defauts de ſon frere dans le gouuernement de ſes Eſtats, ni de vous rapporter la reuolte de ſes peuples, qui le depoſerent honteuſement dans Auila de la dignité Royale, & mirent en ſa place Alfonſe âgé de douze ans. Cette reuolte arriua par les menées d'Alfonſe ou d'Ildefonſe Carrille Archeueſque de Tolede, qui ſe fit Chef des mutins & des rebelles, & qui ne voulut jamais rentrer en

P. Mathieu.

L. de Mayerne.

ſon deuoir, quoy que pluſieurs des coniurez abandonnaſſent ſon parti; au contraire il demeura opiniaſtre dans ſa rebellion, & auec le reſte des factieux fit obſeruer Alfonſe, & meſme le menaça de le faire mettre en priſon, s'il ſongeoit à ſe rapatrier jamais auec le Roy ſon frere. Ce violent procedé dépleut extrémement à tous les Princes Chreſtiens, & particulierement au Pape Paul II. qui enuoya ſes Legats & ſes Nonces en Eſpagne, pour conuier les rebelles à rentrer dans leur deuoit, & il ne voulut jamais oüir leurs plaintes par la bouche de leurs Deputez, que premierement ils n'euſſent ſolemnellement juré de ne donner jamais à Alfonſe la qualité de Roy. Il leur predit enſuite les malheurs qui leur arriueroient pour auoir méprisé les excommunications du ſaint Siege Apoſtolique, & l'autorité de leur Souuerain. En effet l'Infant Alfonſe mourut le cinquiéme de Iuillet de l'année mil quatre cens ſoixante-huit de peſte ou de poiſon à l'âge de ſeize ans, comme il alloit aſſieger la ville de Tolede, que le Gouuerneur auoit renduë au Roy Henry.

VII. Cette mort fit retourner pluſieurs des coniurez au parti du Roy, & les autres vou-

voulans auoir quelqu'vn pour regner ſous ſon nom, reconnurent Iſabelle (qui eſtoit entre leurs mains) pour leur Reine: mais cette ſage & vertueuſe Princeſſe refuſa leurs offres, & ne voulut point accepter la Couronne de Caſtille, qu'ils luy preſenterent par l'Archeueſque de Tolede. Les Auteurs qui ont écrit les Hiſtoires ou les Annales d'Eſpagne, la louënt fort de cette action, & diſent qu'elle repartit à ce Prelat, Que jamais elle n'auoit deſiré de regner en Caſtille, ni aux autres Royaumes au prejudice du Roy Henry ſon frere, à qui la Couronne appartenoit de droit diuin & humain, ainſi que Dieu l'auoit fait paroiſtre par la victoire d'Olmedo, & par la mort de l'Infant Alfonſe: neantmoins qu'elle leur eſtoit fort obligée de la bonne volonté qu'ils luy témoignoient, dont elle leur ſeroit beaucoup plus redeuable, ſi moyennant vn bon accord auec le Roy ſon frere, ils pouuoient le porter à la declarer ſon heritiere en ſes Eſtats aprés luy, & luy faire preſter le ſerment que les ſujets doiuent au Prince, ſelon la couſtume d'Eſpagne. Elle leur fit cette ouuerture, non pas tant pour le deſir qu'elle auoit de regner, car elle ſouhaitoit vne longue & heureuſe

I. Mariana. L. de Mayerne.

vie au Roy ſon frere, comme pour empeſcher que cette premiere Couronne d'Eſpagne ne tombaſt dans vne main étrangere, & d'autre ſang que de celuy de Caſtille, à cauſe de la Princeſſe Ieanne fille de Henry IV. & de ſa ſeconde femme Ieanne de Portugal, que l'on croyoit eſtre ſuppoſée. Cette genereuſe réponſe d'Iſabelle, Princeſſe doüée d'autant de jugement que de pieté, fut admirée de tous les Seigneurs de la Ligue, & fit vne ſi forte impreſſion ſur leurs eſprits, qu'ils changerent de courage, & reſolurent de ſuiure ſon auis. Ce qui mit quelque temps la paix dans la Caſtille, & ramena les habitans de Burgos (par l'entremiſe de Pierre de Velaſque) dans l'obeïſſance du Roy Henry, à l'imitation de ceux de Tolede, qui auoient quitté, comme nous auons dit, le party d'Alfonſe, & des conjurez. Ceux d'Auila arreſterent en leur Conſeil, que le Roy ſeroit ſupplié de la part des Confederez de vouloir faire reconnoiſtre Iſabelle, ſa ſœur vnique, pour Princeſſe & heritiere de Caſtille, & de Leon, nonobſtant tous les ſermens faits au contraire, qu'ils proteſtoient d'abandonner à l'inſtant toutes les Ligues, & ſe ranger dans ſon obeïſſance. L'Archeueſque de Seuille ayant porté cette nouuelle à Madrit au Roy Henry, & à son Conseil, les auis furent fort partagez; les vns affe-ctionnoient Ieanne, que le Roy appelloit tousiours sa fille; & les autres protegeoient Isabelle, dont le party fut le plus fort. En effet la Princesse Isabelle fut preferée à la Princesse Ieanne, & il fut ordonné qu'I-sabelle seroit declarée Princesse des Astu-ries, & reconnuë aisnée & heritiere des Royaumes de Leon & de Castille: que Henry pardonneroit au Maistre de S. Iaques, & aux Liguez ce qu'ils auoient commis contre sa Majesté: Que le Roy repudieroit, auec le consentement du Saint Siege de Rome, Ieanne de Portugal sa femme, & qu'elle se retireroit auec sa fille Ieanne en Portugal: Que les villes d'Auila, d'Vbeda, de Medina del Campo, d'Olmedo, & d'Escalona, auec la Seigneurie de Molina seroient baillées à Isabelle. Et on luy fit jurer qu'elle ne se marieroit jamais à aucun Prince ni Seigneur, sans le consentement du Roy Henry son frere.

VIII. Isabelle fut proclamée Princesse des Asturies, & legitime heritiere de Ca-stille & de Leon, & autres terres annexées à ces deux Royaumes là, le dix-neuf de

Septembre de l'an mil quatre cens soixante huit, ou de l'année suiuante, (ainsi que nous le lisons dans plusieurs Auteurs qui nous ont donné l'Histoire d'Espagne, & particulierement dans le Chapitre treiziéme du Liure vingt-troisiéme de Iean Mariana, qui l'a écrite en Latin & en Castillan) aprés que les Confederez eurent fait le serment de fidelité au Roy Henry en presence du Nonce, ou du Legat du Pape Antoine de Veneris, qui fut depuis Cardinal. Ce Prelat en qualité de Legat Apostolique, dispensa & donna l'absolution de tous les sermens contraires, qui pouuoient auoir esté faits auparauant pour ce sujet, & confirma ceux qui se deuoient faire en presence de tout le peuple qui accourut de toutes parts à cette solemnité, sur l'esperance qu'il auoit qu'on reuerroit la Paix en Espagne, que la justice y seroit renduë à vn chacun, & qu'il n'y auroit plus ni partialitez ni guerres ciuiles. Nonobstant les protestations que Loüis de Mendoça fit en faueur de Ieanne fille du Roy Henry aprés cet accommodement, Isabelle Princesse de Castille fut recherchée en mariage de plusieurs grands Princes, bien plus pour ses vertus & ses excellentes qualitez, que pource qu'elle auoit esté declarée vnique & legitime heritiere de Leon & de Castille. Mais ce contentement & cette joye fut trauersée par vn sensible déplaisir ; car le Roy son frere la voulut contraindre d'épouser vn Gentilhomme appellé Pierre Giron Grand-Maistre de l'Ordre de Calatraua ; & l'inégalité de ce mariage affligea tellement cette Princesse magnanime, qu'elle prit la resolution de mourir plustost mille fois, que de consentir à ce mariage. Quelques-vns mesme ont écrit que si Pierre Giron ne fust mort auant ce temps là, qu'elle l'auroit fait poignarder le jour de ses nopces, & qu'Antoine de Cabrera Gentilhomme Catalan, mary de Beatrix de Bobadilla, ou Bouadilla sa Dame d'honneur, qui seconda tousiours par ses bons auis & ses conseils les genereux desseins de sa Maistresse, s'estoit offert à cette execution. Mais cette Princesse ne demeura pas ingrate à tant de grands seruices qu'elle luy auoit rendus parmi son affliction & ses déplaisirs : Car aussi tost qu'elle fut sur le thrône de Castille, & qu'elle eut mis Alfonse V. Roy de Portugal à la raison, elle la fit Marquise de Moya. *L. de Mayerne.*

IX. Trois Princes demanderent en ma- *Mariana.*

P. Mathieu, Saintes-Marthes. L. de May-erne.

riage l'Infante Isabelle, sçauoir Louïs XI. Roy de France, qui enuoya Iean Geofroy Cardinal d'Alby, ou d'Arras, pour en faire la demande, pour & au nom de son frere Charles de France Duc de Guyenne, & qui auoit esté Duc de Berry & de Normandie, Alfonse V. Roy de Portugal, veuf d'Elizabet de Coimbre sa premiere femme (qui estoit morte à Ebora au mois de Decembre de l'an mil quatre cens cinquante-six) la fit aussi rechercher. Et Ferdinand d'Arragon Prince de Girone, fils de Iean Roy de Nauarre & d'Arragon, & de Ieanne Henriquez sa seconde femme, qui estoit plus jeune qu'Isabelle, & âgée seulement de seize ans, à qui l'Archeuesque de Tolede, qui estoit chef des Conjurez, la maria nonobstant l'empeschement de parenté, sous vn faux donné à entendre qu'il auoit obtenu il y auoit desia long-temps, la dispense du Pape Pie II. ou selon les autres de Paul II. son successeur, & au prejudice du serment que cette Princesse auoit fait de ne se point marier sans le consentement & la volonté du Roy son frere. Aprés la celebration de ce mariage, qui se fit le dix-neufiéme d'Octobre de l'an mil quatre cens soixante-neuf, Ferdinand Infant d'Arragon prit le titre de Roy de Sicile, par le commandement du Roy son pere ; & on écriuit ensuite au Pape Paul II. au Roy Henry, aux autres Rois, Princes, & Grands, pour excuser la precipitation auec laquelle on auoit celebré ce mariage.

Henry receut cette nouuelle comme il estoit à Seuille, & il en conceut tant de douleur & de colere, qu'il fit publier vne Declaration le vingt-sixiéme d'Octobre de la mesme année, par laquelle il desheritoit sa sœur Isabelle, & la declaroit descheuë & incapable de succeder aux droits qu'elle pouuoit pretendre sur la Castille, cassoit & annuloit toutes les promesses, les declarations & les institutions faites en sa faueur, pour s'estre mariée sans son sceu & contre ses defenses expresses, à Ferdinand Roy de Sicile & Prince d'Arragon. Par la mesme declaration il reconnut la Princesse Ieanne pour sa fille legitime, & la declara heritiere de ses Estats, en presence du Cardinal d'Alby & d'Arras, du Seigneur de Torsy Ambassadeurs de France, de Bertrand de la Tour Comte de Bologne, & du Seigneur de Malicornes Ambassadeurs de Charles Duc de Guyenne, qui tous la luy demanderent en mariage, puisqu'ils n'auoient

Sc. & L. de Sainte-Marthe.

pû auoir Isabelle. Le Cardinal d'Alby la fiança l'an mil quatre cens soixante & dix au Duc de Guyenne, le Comte de Bolongne stipulant & receuant pour luy ses promesses, aprés que Henry Roy de Castille, & la Reine sa femme Ieanne de Portugal, eurent declaré & juré par vn faux serment, qu'ils reconnoissoient Ieanne pour leur fille legitime, ainsi que le rapportent plus au long les Histoires d'Espagne, où l'on remarque aussi les réjouïssances & les solemnitez qui se firent en cette ceremonie. Cette alliance d'vn fils & d'vn frere d'vn Roy de France, & de Ieanne qu'on auoit declarée pour la seconde fois heritiere de Castille, alloit causer sans doute vne cruelle guerre entre les François & les Arragonois, & mesme entre les Castillans partisans d'Isabelle & de Ferdinand, si Dieu n'eust appellé de ce monde Charles Duc de Guyenne, auant la consommation du mariage. Car ce Prince mourut au Chasteau du Ha à Bordeaux, le douziéme de May de l'année mil quatre cens soixante & onze, ou, selon les autres, de l'année suiuante.

Sainte-Marthe.

XI. La mort de Charles Duc de Guyenne apporta bien du déplaisir à Henry de Castille; (car il tenoit à grand honneur que sa fille fust la femme du frere d'vn Roy de France, ne la pouuant loger en vne meilleure Maison) mais elle n'appaisa pas encore les troubles qui estoient dans les Royaumes de Castille & de Leon, où ses partisans reprochoient à Ferdinand & à Isabelle leur perfidie, & l'imposture de l'Archeuesque de Tolede. Cela obligea depuis Isabelle & Ferdinand de demander vne dispense au Pape Sixte IV. de leur mariage, & d'exposer la fourberie de ce Prelat, qui pour s'accommoder au temps auoit supposé vne fausse dispense, comme l'on le peut voir par le rapport qu'en fait le plus fidele Historien de Castille & d'Espagne. En ce temps Isabelle accoucha d'vne fille qu'on appella Elizabet ou Isabelle, comme sa mere, à Duegnas, le premier jour d'Octobre de l'an mil quatre cens soixante & dix. Et ceux qui portoient son party blasmoient hautement la naissance illegitime de Ieanne, la mauuaise conduite, & la vie honteuse & scandaleuse de la Reine sa mere. Ils disoient qu'elle auoit eu Ieanne de Bertran de la Cueua Duc d'Albuquerque. Ce qui fit qu'on l'appelloit presque par toutes les Espagnes *la Bertraneia*, comme le remarquent quelques Ecriuains de l'Hi-

L. de Mayerne.

Mariana lib. 23. cap. 14. de rebus Hisp.

G. de Illescas.

L. de Mayerne.

Belcarius. ſtoire de ces Royaumes. François de Beaucaire de Peguillon Eueſque de Mets l'appelle ainſi dans la page 286. du Liure dixiéme de ſes Memoires des affaires de France qu'il a écrits en Latin. *P. Mathieu.* On n'oublioit pas à luy reprocher quelques amourettes peu ſecrettes qu'elle auoit euës dans le Chaſteau d'Alaëjos. Il eſt vray que Charles Duc de Guyenne auant ſa mort auoit eu du refroidiſſement pour Ieanne, tant pour ſa naiſſance honteuſe, que pour l'eſperance que Louïs de Luxembourg, Comte de S. Paul, *Sainte-Marthes.* & Conneſtable de France luy donnoit de luy faire épouſer la Princeſſe Marie, fille & vnique heritiere de Charles dernier Duc de Bourgongne.

XII. Quelques Ecriuains de l'Hiſtoire d'Eſpagne rapportent qu'aprés la mort du Duc de Guyenne, Henry Roy de Caſtille voulut marier Ieanne ſa fille à Henry d'Aragon, dit l'Infant fortuné; mais ce mariage ne reüſſit pas, non ſeulement par les *L. de Mayerne.* menées ſecrettes du Grand-Maiſtre de l'Ordre de S. Iaques, qui pour ſon intereſt particulier n'approuuoit pas cette alliance; mais auſſi par le ſage auis de Pierre de Gonzales Cardinal de Mendoça, qui remonſtra au Roy qu'il ne deuoit pas marier ſa fille qu'à vn Roy, ou à vn Prince tres-puiſſant. Henry perſuadé par les auis de ce ſage Prelat, qu'il reſpectoit fort (& qu'Iſabelle & Ferdinand n'affectionnoient pas moins, ainſi qu'ils le firent paroiſtre par mille titres d'honneur qu'ils luy accorderent, comme de porter le titre de Cardinal d'Eſpagne, qu'il conſerua tant qu'il veſcut, ſous les regnes de Henry IV. & de noſtre Iſabelle) il ſe parla de quelque accommodement entre eux, ſi bien qu'au retour d'vn voyage que Ferdinand fit en Arragon, Henry & Iſabelle s'aboucherent dans le Chaſteau de Segouie, par l'entremiſe de ce meſme Cardinal d'Eſpagne, & du Comte de Beneuent. Beatrix de Bobadilla, femme d'André de Cabrera, alla elle-meſme déguiſée en habit de païſane, & montée ſur vn aſne à Aranda, pour faire venir la Princeſſe Iſabelle à Segouie, laquelle s'y achemina ſur la parole de Beatrix, accompagnée de l'Archeueſque de Tolede, & de quelques autres perſonnes de ſon party. Pendant cette entreueuë Henry & la Princeſſe ſa ſœur ſe donnerent de grands témoignages d'amitié, & parlerent long-temps enſemble aſſis l'vn auprés de l'autre. Aprés quoy Henry ſortit fort ſatisfait, & content de l'entretien qu'il auoit eu auec sa sœur. Il se trouua neantmoins quelques ennemis d'Isabelle, qui le voulurent persuader de la faire sortir de Segouie; mais enfin les mieux intentionnez l'emporterent, & elle y demeura. Aussi cette Princesse auoit je ne sçay quoy de grand dans le maintien, & dans le visage ; & la haine que luy portoient les fauoris du Roy son frere faisoit qu'on l'aimoit plus tendrement, pour la crainte que l'on auoit de la perdre.

Isabelle s'imaginant que la presence de son mary seroit auantageuse à ses affaires, que son frere se rangeroit plustost à la raison, & que toutes les difficultez se termineroient auec plus de facilité, & d'auantage, elle le fit venir au Chasteau de Segouie; ce qui luy reüssit si vtilement, qu'en mesme temps que le Roy l'apperceut, il l'embrassa & luy fit mille caresses, en sorte qu'on les vid le jour de la Feste des Rois de l'an mil quatre cens soixante & quatorze, tous trois ensemble aller par la ville à cheual, au grand contentement de toute la Noblesse & du peuple. André de Cabrera leur fit vn festin magnifique dans le Palais de l'Euesque, où le Comte de Ribadeo, par vn priuilege de sa Maison, eut l'honneur de manger à la table du Roy & des Princes.

XIII. Au sortir du souper aprés le diuertissement de la musique, du bal, de la collation, & de plusieurs autres galanteries & diuertissemens, le Roy se trouua indisposé, & se fit porter au Palais Royal pour estre soulagé d'vn mal de costé, qui le pressoit fort, & dont il receut fort peu de soulagement. Les Historiens étrangers ont écrit qu'il y auoit eu du poison ; & ceux d'Espagne disent que les plus sages creurent que cette indisposition luy venoit par accident. Le peuple eut vne autre pensée, & publioit par tout que c'estoit vne partie premeditée contre le Roy, & qu'on l'auoit attiré à ce festin pour le faire mourir. Car d'ordinaire il croit bien plus facilement le mal que le bien ; souuent les jugemens vulgaires sont les jugemens d'imprudence, & les affections du peuple sont toûjours indiscretes, il rejette ce qui est bon, il approuue ce qui est mauuais, ce qu'il dit est faux, ce qu'il entreprend est furieux, il fait les choses plus grandes qu'elles ne sont. Mais ce qui augmenta le soupçon que Henry auoit esté empoisonné, fut que ce Prince n'eut jamais depuis vne santé parfaite,

L. de Mayerne.

H. Spondanus.

Mariana cap. 1. lib. 24. de rebus Hisp.

qu'il vomissoit sans cesse, & fut sujet à plusieurs fascheuses incommoditez, qui luy firent enfin perdre la vie. Car il mourut le onziéme de Decembre de la mesme année, âgé de quarante-cinq ans, aprés en auoir regné vingt & vn, quatre mois, & deux jours, & receu tous les Sacremens necessaires à vn bon Chrestien.

SECONDE PARTIE.

I. *Isabelle succede à Henry IV. son frere paternel au Royaume de Castille.* II. *Le dispute au Prince son mary, & l'emporte par le jugement des arbitres.* III. *Elle s'oppose à Alfonse V. Roy de Portugal, qui se pretendoit Roy de Castille, tant de son chef, que de celuy de sa seconde femme Ieanne de Castille, fille legitime, ou plustost supposée du Roy Henry. Ferdinand mari d'Isabelle prend la qualité de Roy de Portugal.* IV. *Le Portugais entre dans la Castille, & les par-*

tiſans qu'il a dans ce Royaume-là. V. *Iſabelle & Ferdinand ont recours aux armes, eſtant aſſiſtez de leurs partiſans.* VI. *Le Roy Ferdinand, mari d'Iſabelle, & Alfonſe Roy de Portugal, ſe mettent en campagne ſans rien faire de memorable.* VII. *La Reine Iſabelle appaiſe les mécontens, & eſt fidelement ſeruie par les ſiens contre les braues de Portugal.* VIII. *Le progrez que font les ſeruiteurs d'Iſabelle ſur les Portugais.* IX. *Quelques partiſans d'Iſabelle ſont battus & défaits par ceux du Roy de Portugal: laquelle ne perd pas courage, mais reſiſte genereuſement à Alfonſe, qui ſe retire à Toro, aprés auoir quitté Zamora: enſuite le Chaſteau de Burgos ſe rend à cette Reine.* X. *Ferdinand & Alfonſe ſe font vne rude guerre, où à la fin le Portugais eſt vaincu.* XI. *Alfonſe vient en France, où ſon voyage eſt peu heureux par la diuiſion de Louïs XI. & de Charles dernier Duc de Bourgongne. Ce qui l'oblige de se retirer en Portugal, où il est bien receu par le Prince Iean son fils, dont il receut autant de satisfaction, que d'affliction, de la mauuaise conduite de sa sœur Ieanne de Portugal Reine de Castille.* XII. *Isabelle & Ferdinand font reconnoistre Iean, leur fils vnique, Prince & heritier de Castille.* XIII. *La Paix faite entre les Castillans & les Portugais par l'entremise de la Reine Isabelle, & de sa tante maternelle Beatrix de Portugal, & les articles de cette Paix.* XIV. *La joye qu'en reçoit le Roy Ferdinand; & Isabelle accouche de sa seconde fille, qui a esté depuis Reine d'Espagne.* XV. *Alfonse Roy de Portugal mourut, & les bonnes qualitez de Ieanne de Castille qu'il auoit épousée ou fiancée.*

I. APRE'S la mort de Henry, qui arriua à Madrid (où il s'estoit fait porter de Segouie) les diuisions & les troubles recommencerent. Car ce Prince durant sa maladie ne voulut

jamais

jamais declarer sa sœur Isabelle son heritiere, nonobstant toutes les prieres que luy en firent la pluspart des Grands en faueur de cette Princesse, qui ne voulut point sortir de Segouie, où les partisans de Ieanne tascherent de la surprendre, & de l'arrester auec son mari. Mais Dieu qui auoit destiné Isabelle & Ferdinand pour regner en Espagne, & qui vouloit se seruir de cette genereuse Princesse pour conquerir vn nouueau monde, permit que l'entreprise fut heureusement découuerte. Ce qui obligea Isabelle de se tenir depuis toûjours sur ses gardes, tandis que son mari alla en Arragon, où les troubles & les guerres l'appelloient. Nous apprenons de l'Histoire d'Espagne que Henry estoit vn Prince lasche, & de peu d'esprit, qui ne songea jamais à disposer de ses Estats, ou à y nommer vn successeur, quoy qu'il fust comme acoablé de vomissemens continuels, & d'autres tres-fascheux & mauuais accidens. D'autres disent que persuadé par les partisans de Ieanne, qu'il la nomma pour luy succeder. Ce qui causa de grands troubles, car la pluspart des Grands estans pour sa sœur Isabelle, disoient qu'il n'auoit point testé, & les autres qui la fauorisoient, soû-

L. de Mayerne.

tenoient le contraire. Diego Henrique son Chroniqueur & son Conseiller, dit qu'il testa : & quelques-vns asseurent que son testament fut trouué l'an mil cinq cens quatre, trente ans aprés sa mort, & peu de jours auant celle d'Elizabet sa sœur, qui ne sceut jamais que son frere eut testé.

II. Isabelle n'estoit pas presque sur le thrône de Castille, qu'elle eut à démesler plusieurs differens, non seulement auec Ieanne que l'on disoit estre la fille supposée du Roy Henry son frere, mais mesme auec Ferdinand son mari : car quoy qu'ils véscussent tous deux en bonne intelligence, il y eut neantmoins de la contestation à qui le Royaume deuoit plustost appartenir. Ce qui apporta de la diuision entre leurs plus affidez. Ferdinand alleguoit que les hommes deuoient estre preferez aux femmes pour la succession des Royaumes, encore qu'ils ne fussent pas si proches parens de ceux de qui ils heritoient : Ceux qui panchoient plus du costé de Ferdinand que d'Isabelle, disoient qu'il estoit contraire à la police & au gouuernement d'vn grand Estat, de le remettre entre les mains d'vne femme : Qu'il estoit honteux à tant de Seigneurs, & de braues Cheualiers de rece-

Mariana. Mayerne. Mathieu.

uoir les commandemens de ce sexe imbecille & de corps & d'esprit, sans experience, sans sçauoir, & sans connoissance de ce qui est vtile ou dommageable à vn Royaume : Que les Empires & les Estats bien policez n'en vsoient pas ainsi, qu'il y auoit de cela mille exemples, & entre autres de celuy de France, où par la Loy Salique les femmes estoient excluses de la succession de la Monarchie : Que Ferdinand Infant d'Arragon & Roy de Sicile estoit fils de Iean Roy d'Arragon & de Nauarre, fils puisné de Ferdinand de Castille premier du nom Roy d'Arragon, qui estoit fils puisné de Iean premier du nom Roy de Castille & de Leon, fils vnique & heritier de Henry, qui fut Roy de Castille & de Leon aprés la mort de Pierre, dit le Cruel. Ceux qui soustenoient le parti d'Isabelle, qui estoit le plus veritable & le plus juste, disoient que le droit deuoit estre gardé à qui il appartenoit, & qu'il n'y auoit rien de plus conforme à la nature que les enfans succedassent à leurs peres & à leurs parens, qu'Isabelle estoit fille de Iean II. & sœur de Henry IV. d'heureuse memoire : Que les femmes auoient esté souuent tres-vtiles aux Estats & aux Empires, que pour le voir il ne faloit que lire les Histoires, tánt anciennes que modernes, & que sans aller chercher des exemples dans les Royaumes étrangers, la Castille se vantoit d'auoir esté bien gouuernée par des femmes, témoins les Ormisindes, les Odisindes, les Sančties, les Vrraques, & les Berengeres qui les auoient heureusement gouuernez. Ils disoient qu'Elizabet ou Isabelle ne cederoit à pas vne de ces Reines ou Heroïnes; qu'elle auoit donné en plusieurs occasions des preuues extraordinaires de son courage, de sa constance, de son jugement, de sa prudence, & de sa generosité; de là ils concluoient qu'elle estoit tres-digne de l'administration & du gouuernement. Cette derniere opinion fut suiuie, dont Ferdinand fit paroistre qu'il estoit fort mal satisfait. Or bien que cette contestation fust terminée en faueur d'Isabelle, cette Reine qui aimoit vniquement son mari, ne prit pas plaisir de le voir fâché, au contraire elle eut tant de bonté pour ce Prince qu'elle luy declara qu'elle ne pretendoit point auoir aucun auantage sur luy dans le gouuernement de l'Estat, ni dans le maniement des affaires; qu'il deuoit considerer que si les raisons qu'il apportoit

Mariana.

Gonzalo de Illescas lib. 6. de la Historia Pontifical. Part. II.

Mayerne. Mariana.

eussent esté receuës, leur fille Isabelle (qui estoit pour lors vnique) seroit priuée de leur succession. Ce discours obligeant toucha le Roy Ferdinand son mari, & on ordonna en sa faueur que dans tous les actes publics, & sur la monnoye, on mettroit le nom de Ferdinand deuant celuy d'Isabelle, qu'ils porteroient les armes mi-parties de Castille & d'Arragon, mais que toutes les forteresses de Castille seroient tenuës au nom d'Isabelle, que tous les tributs s'y leueroient, que la Reine donneroit les Benefices au nom de son mari & du sien, que quand ils seroient en vn mesme lieu ils rendroient conjointement la justice, & quand ils seroient separez, chacun la rendroit en son particulier, & sous son nom.

Isabelle estoit plus âgée que Ferdinand.

III. Ce trouble domestique estant appaisé par l'adresse & par la prudence d'Isabelle, il falut penser à s'opposer tout de bon aux Partisans de Ieanne, qui auoient des pratiques auec Alfonse V. Roy de Portugal, qui ne prit pas seulement en sa protection Ieanne sa niepce, & qui estoit fille de sa sœur Ieanne Reine de Castille, & seconde femme de Henry IV. Roy de Castille, mais aussi il la fiança, & l'auroit épousée, si sur le champ il auoit pû obtenir la diſpenſe du Pape Sixte IV. qui la luy accorda, mais qui peu de temps aprés la reuoqua en faueur de Ferdinand d'Arragon Roy de Naples, parent & allié de Ferdinand mari d'Iſabelle Reine de Caſtille. Quelques Hiſtoriens diſent qu'Alfonſe ſe fit proclamer Roy de Caſtille, tant à cauſe du droit qu'y auoit Ieanne ſa fiancée, que pour les juſtes pretentions qu'il diſoit auoir ſur la Caſtille. Les autres aſſeurent qu'Alfonſe ayant obtenu la diſpenſe du Pape, épouſa Ieanne ſa niepce l'an mil quatre cens ſoixante & quinze, & qu'aprés auoir eſté proclamez Roy & Reine de Caſtille, ils enuoyerent ſommer Iſabelle Reine de Caſtille, & ſon mari Ferdinand, de ſe déporter de l'vſurpation des Royaumes de Caſtille & de Leon; que c'eſtoit à tort qu'ils ſouſtenoient que la Reine Ieanne n'eſtoit pas la fille du Roy Henry, qu'il l'auoit auoüée & reconnuë pour telle, & que meſme comme telle il l'auoit declarée ſon vnique heritiere par ſon teſtament. Mais cette ſommation fut de peu d'effet. Car Iſabelle qui venoit d'emporter la Couronne de Caſtille ſur Ferdinand ſon mary, fit peu d'eſtat de la remonſtrance du Portugais. Au contraire elle prit reſolution de ſe maintenir, & par le bon droit qu'elle croyoit auoir ſur ce Royaume, (dont elle iouïſſoit legitimement) & par l'appuy des grandes forces qu'elle auoit en main, & par les puiſſans ſecours qu'elle eſperoit de ſes alliez & de ſes partiſans, qui eſtoient les plus illuſtres & les plus conſiderables Seigneurs des Royaumes de Caſtille & de Leon, outre les Arragonois qui eſtoient ſujets de Iean Roy d'Arragon, pere de Ferdinand ſon mari, qui pretendoit auſſi que le Royaume de Portugal luy appartenoit. Ainſi Ferdinand, mari d'Iſabelle, ſe diſant Roy de Portugal, & Alfonſe Roy de Portugal prenant le titre de Roy de Caſtille, il s'émeut vne rude guerre: car le Portugais qui haïſſoit Iſabelle Reine de Caſtille, parce qu'elle luy auoit preferé Ferdinand, entra dans la Caſtille auec vne puiſſante armée, où il n'y manquoit pas de partiſans. Car le Marquis de Villena, braue Cheualier, qui eſtoit pour lors en reputation d'eſtre la meilleure lance d'Eſpagne, & que le Roy Henry auoit nommé tuteur de Ieanne ſa fille, eſtoit en intelligence auec luy. Le Grand-Maiſtre de l'Ordre de Calatraua, le Comte d'Vregna, le Marquis de Calis ſon beau-frere, Alfonſe d'Aguilar, le

Mariana. Mayerne. Sainte-Marthe.

Illeſcas.

Mayerne.

Comte de Beneuent, les Ducs d'Areualo & d'Albuquerque, & Alfonse Carille Archeuesque de Tolede homme turbulent, & grand amateur des nouueautez, qui s'estoit retiré du seruice de Ferdinand & d'Isabelle, à cause que le Cardinal de Mendoçe, ou d'Espagne, estoit en grand credit auprés de leurs Majestez; & tous les Grands de Galice, excepté le seul Archeuesque de S. Iaques, auoient fait ligue auec luy.

IV. Isabelle ne s'étonna pas de voir sur ses terres entrer le Portugais (qu'on appelloit en ce temps-là du nom d'Africain, à cause des grandes victoires qu'il auoit gagnées en Afrique sur les Infidelles) ni de le voir maistre des villes de Toro & de Zamora, & qu'il traisnoit à sa suite tous les braues de ses Royaumes de Portugal, & des Algarbes, auec les factieux de Castille & de Galice: outre vn puissant secours qu'il esperoit tirer de France, par lequel il ne se promettoit pas moins que de luy oster le Diademe de Castille, & le mettre sur sa teste, & sur celle de Ieanne sa femme. Isabelle se contenta d'abord de se seruir des remonstrances, de luy faire voir qu'il entreprenoit vne guerre injuste en faueur de Ieanne; qu'elle n'estoit pas fille du Roy

Henry ſon frere, que ſon impuiſſance eſtoit ſi connuë, que Blanche de Nauarre ou d'Arragon ſa premiere femme (qui eſtoit fille de Iean II. Roy d'Arragon & de Blanche de Nauarre) auoit eſté ſeparée d'auec luy par l'autorité de l'Egliſe pour ce defaut, laquelle aprés cette ſeparation s'eſtoit retirée à l'Eſcar en Bearn, où elle eſtoit morte l'an mil quatre cens ſoixante & quatre: Que nonobſtant cette impuiſſance, & la ſeparation d'auec cette vertueuſe Princeſſe, il n'auoit pas laiſſé d'épouſer Ieanne de Portugal ſa ſœur, qui luy ſuppoſa Ieanne pour ſa fille, qu'elle auoit euë d'vn autre que du Roy ſon mari: Que la Caſtille n'eſtoit pas ſeule dans cette opinion, que toutes les Eſpagnes auoient la meſme creance: Qu'il n'y auoit que les idiots & les dupes qui ignoraſſent les déportemens de ſa ſœur, & que ſon incontinence & ſes mauuaiſes mœurs eſtoient trop connuës pour ne la pas conuaincre de cette ſuppoſition: Que dés la mort du Roy Henry ſon frere la pluſpart des Grands de Caſtille, les plus ſages, & les plus craignans Dieu, l'auoient reconnuë pour Reine de Caſtille & de Leon: Qu'on s'eſtoit mocqué du Duc d'Areualo, & du Marquis de

Villena, qui se disoient les tuteurs de Ieanne femme d'Alfonse Roy de Portugal: Que le Pape Sixte ayant esté informé de cette supposition, auoit reuoqué la dispense qu'il auoit donnée pour ce mariage. Car Isabelle & Ferdinand pour fortifier leur cause, & le bon droit qu'ils auoient sur les Royaumes de Castille & de Leon, impetrerent vne Bulle de Sixte IV. qu'ils firent publier en Castille, par laquelle le mariage du Portugais auec Ieanne sa niece estoit declaré nul, & non valablement contracté, nonobstant toutes Bulles ou rescrits accordez au contraire; & cette Bulle portoit en termes exprés qu'il auoit esté surpris, ainsi que le rapportent la pluspart des Historiens Espagnols, & mesme de nos François.

Sc. & L. de Sainte-Marthe.

V. Ferdinand & Isabelle voyant que les remonstrances estoient inutiles pour defendre le droit qu'ils auoient sur les Royaumes de Castille, de Leon & de Galice, que toutes les negotiations du Cardinal d'Espagne auprés d'Alfonse Roy de Portugal n'aboutissoient à rien, ils eurent recours aux armes. Car presque toute la Noblesse & les Grands de ces Royaumes portoient leur parti: on y voyoit ce Cardinal & ses freres Diego Hurtado de Mendoça Duc de l'Infantago, Inigo Lopés de Mendoça Comte de Tendilla : Laurent Suarés Comte de Crugna : Pierre de Velaſque Conneſtable de Caſtille : Alfonſe Henriqués Grand Admiral : Garcias Aluarés de Tolede Duc d'Albe, & vne infinité d'autres que j'obmets pour ne groſſir ce petit Eloge. La pluſpart des Partiſans d'Alfonſe n'eſtoient pas trop fermes dans ſon ſeruice, & particulierement Roderic Alfonſe Pimentel Comte de Beneuent, & Bertran de la Cueua Duc d'Albuquerque. Ce dernier auroit bien voulu fauoriſer le Roy de Portugal, qui eſtoit fiancé ou marié à celle que l'on diſoit eſtre ſa fille ; mais il n'oſoit ſe declarer ouuertement ennemi de la Reine Iſabelle, qu'il ſçauoit eſtre aimée des Prelats, des Seigneurs & du peuple, pour ſes vertus & pour ſes bonnes qualitez. Cette connoiſſance luy fit embraſſer le parti d'Iſabelle, & ſuiure ſa bonne fortune. Pluſieurs à ſon imitation abandonnerent le Portugais, & les transfuges ſe rendoient tous les jours en ſi grand nombre auprés de Ferdinand, que dans la monſtre qui ſe fit de ſon armée, elle ſe trouua compoſée de trente mille hommes de pied, quatre mille hommes d'armes, & huit cens genés ou cheuaux legers.

VI. Aprés cette monstre Ferdinand se met en campagne, campe sur les riues du Duero, assiege la ville & le Chasteau de Toro, tandis que quelques Biscains, & quelques soldats de son armée, qui estoient de la Prouince de Guipuscoa se rendirent maistres des Chasteaux de los Hazegnas, & de los Hierros. Quelques Historiens disent que le Roy de Portugal vint en personne au secours de Toro, auec le Prince son fils, & tous ses alliez. Il y en a neantmoins d'autres qui assurent qu'il estoit enfermé dans cette place là, dont il n'osa jamais sortir pour n'estre pas si fort que le Roy Ferdinand, qui demeura là en bataille plus de cinq heures; & que voyant qu'il ne sortoit point, il luy manda par Gomes Manrique qu'il quittast le titre de Roy de Castille, & qu'il s'en retournast dans son Royaume de Portugal, que si Ieanne sa fiancée ou sa femme pretendoit quelque droit sur la Castille, qu'il vouloit bien remettre la decision de ce differend au jugement du Saint Siege, ou s'il aimoit mieux, puisqu'il auoit gagné tant de victoires sur les Mahumetans, & ses autres ennemis en

Afrique, de luy liurer la bataille, ou de se battre en duel auec luy, afin que tant d'innocens ne perissent pas dans le combat & dans la meslée. Alfonse V. Roy de Portugal répondit assez modestement aux premiers chefs des demandes de Ferdinand: mais pour le duel il ne le refusa pas absolument, pourueu qu'Isabelle & Ieanne pretenduës Reines de Castille, fussent mises en depost, afin que le vainqueur pûst joüir paisiblement de ce dont il s'agissoit. Il se fit pour ce sujet plusieurs allées & venuës: Mais toutes les negociations furent inutiles. Car Ferdinand voyant que les viures commençoient à manquer à son armée, se retira des enuirons de Toro, bien qu'il sceut que les Portugais estoient dans la mesme incommodité que luy. Cette retraite dépleut fort au soldat, & il se plaignoit hautement qu'il estoit honteux à vne si belle armée de se retirer sans rien faire, & qu'il ne se pouuoit faire qu'il n'y eut de la trahison. Ces plaintes ne donnerent pas peu d'inquietude à Ferdinand, il se voyoit entre ses ennemis & la brutalité de ses partisans, & il preuoyoit beaucoup de difficulté à les appaiser. Il est vray que ce trouble eust esté plus grand & plus long sans la prudence de la Reine Isabelle, qui vint à Medina del Campo trouuer le Roy Ferdinand, & luy conseilla de vendre ses bagues & ses pierreries pour payer la soldatesque, puisque les tresors que le feu Roy Henry auoit laissez dans le Chasteau de Segouie, dont estoit Gouuerneur André de Cabrera Marquis de Moya, estoient dissipez.

VII. Cependant que cette Heroïne appaise par sa prudence les soldats mécontens, plusieurs de ses fideles seruiteurs & sujets surprennent des places sur le Marquis de Villena. Car le Capitaine Requegna liura au Roy Ferdinand la forteresse de Villena, qui tenoit pour ce Chef des factieux, sur l'auis qu'on luy donna que le peuple prenoit les armes pour l'attaquer, & depuis on reünit ce Marquisat à la Couronne. Il est vray que parmi tous ces malheurs le Marquis fit paroistre vne constance extraordinaire. Il disoit qu'il perdoit beaucoup en cette occasion, mais qu'il esperoit vn jour de commander dans Tolede, dans Burgos, dans Cordouë & dans Seuille. Cependant il mit de bonnes garnisons dans les places qui luy restoient, & songea à se les conseruer. Le Duc d'Areualo, le Com-

Mayerne.

te d'Vregna, le Grand-Maiſtre de Calatraua, & les autres Grands de leur parti ne faiſoient pas tant de rodomontades que le Marquis de Villena : auſſi n'eſtoient-ils pas ſi genereux. Et ils ſe trouuerent bien empeſchez de ſatisfaire aux promeſſes qu'ils auoient faites au Roy de Portugal, qui eſtoit entré en Caſtille ſur leur parole auec le Prince Iean ſon fils, ainſi que le diſent quelques Auteurs. Il y en a d'autres qui aſſeurent qu'il l'auoit laiſſé Regent de ce Royaume là. Mais le pis eſtoit, que le Conneſtable, & le Mareſchal de Portugal, le Duc de Guimaraens fils aiſné du Duc de Bragance, & ſon frere le Comte de Faro, les Comtes de Villereal, de Penela, de Penna Mayor, & vn grand nombre d'autre Nobleſſe deſireuſe de ſeruir leur Roy, d'acquerir de l'honneur, & d'accroiſtre leurs Eſtats & leurs Seigneuries par les conqueſtes qu'ils pretendoient faire des Royaumes de Caſtille & de Leon, & des autres Prouinces voiſines, auoient vendu la pluſpart de leurs biens, engagé leurs terres, & tous leurs reuenus, ſur vne eſperance aſſez friuole que les factieux de Caſtille (qui leur promettoient des montagnes d'or) leur auoient donnée. L'Archeueſque de Liſbone, &

les Euesques d'Euora & de Coimbre, preuoyant que la prudence seroit du moins aussi necessaire en vne entreprise de cette importance, que le courage & la force des armes, auoient abandonné leurs Dioceses pour assister leur Prince de leurs conseils.

Mayerné.

VIII. Toutefois bien qu'Alfonse eut tous les braues de sa Cour en son armée, auec cinq mille cheuaux, tant gendarmes que cheuaux-legers, & quinze mille hommes de pied, apprehendant le refroidissement des Seigneurs Castillans, qui témoignoient tant de chaleur pour cette guerre contre Isabelle & Ferdinand, fit réponse aux lettres que luy auoit presentées de leur part le Cardinal de Mendoça ou d'Espagne, par lesquelles ils luy demandoient à quelle condition il voudroit terminer ce differend : Que si on luy vouloit abandonner Toro & Zamora, auec le Royaume de Galice, & payer la solde qui estoit deuë à son armée, il se retireroit en ses Royaumes, & quitteroit toutes ses pretentions. Mais Isabelle estoit trop genereuse pour permettre qu'on touchast en aucune maniere à sa Couronne, ni pour quitter le moindre hameau, ou la plus petite bourgade

gade d'vn si beau Royaume qu'elle auoit si justement herité de ses peres, elle dit neantmoins que pour le bien de l'Estat elle feroit vn pont d'or à son ennemi, & que pour achepter la Paix du Portugais elle en passeroit par les auis de ceux qu'on choisiroit pour acheuer ce Traitté. Pendant toutes ces negociations Iean d'Estuniga Gouuerneur du Chasteau de Burgos, pour son oncle le Duc d'Areualo, partisan du Roy de Portugal, incommodant extrémement les habitans de cette ville là, ils firent sçauoir à Ferdinand & à Isabelle l'estat déplorable où ils estoient reduits, & qu'il leur estoit impossible de souffrir plus long-temps les rigueurs de l'Euesque de la ville, ni les vexations du Gouuerneur. Pour y remedier, Ferdinand y enuoya le Comte d'Aguilar, & quantité de Noblesse, & pour faire reüssir son dessein auec plus d'efficace, il y alla en personne auec son frere naturel Alfonse d'Arragon Duc de Villa Hermosa. D'abord il s'empara de l'Eglise de Sainte Marie la Blanche, où estoient renfermées toutes les munitions des assiegez, & il pressa la place de si prés, que ce ne fut qu'à peine, & par bonheur, que le Duc d'Areualo apprit cette disgrace. Iean de Sarmiento, qui auoit esté chassé de cette Eglise là, en porta la nouuelle au Roy de Portugal, & luy dit que si le Chasteau de Burgos (qui estoit la forteresse de la Capitale du Royaume) se perdoit, il faloit perdre l'esperance de regner en Castille. Sur cet auis Alfonse se met en campagne auec les plus braues de son armée, & ayant joint aux enuirons d'Areualo l'Archeuesque de Tolede, & le Marquis de Villena, qui estoient suiuis des plus vaillans des factieux, à qui il fit faire vn nouueau serment de ne reconnoistre jamais d'autre Roy que luy dans les Royaumes de Castille & de Leon, il alla secourir ses partisans qui estoient assiegez dans le Chasteau de Burgos.

IX. Cependant Isabelle qui venoit de visiter son Royaume de Leon (où sa Majesté auoit osté des villes & des places à quelques Gouuerneurs qui sembloient fauoriser le Portugais) enuoya le Comte de Cifuentes, de la Maison de Silua, pour empescher le Roy de Portugal de se rendre maistre d'Olmedo. Mais ce jeune Seigneur fut par son imprudence battu & defait honteusement par les Portugais. Le Comte de Beneuent n'eut pas vne meilleure fortune. En effet aprés auoir bien combattu, il fut obligé de se rendre leur prisonnier, & de faire serment de ne porter plus les armes pour Ferdinand & Isabelle. Tant de disgraces arriuées tout en vn coup n'abattent pas le courage de cette Heroïne, elle met tout en pratique pour ne point perdre d'occasions de resister à ses ennemis, & d'acquerir la bienueillance & l'amitié des factieux. Ceux d'Ocagne qui tenoient le parti du Marquis de Villena mettent ses garnisons dehors, & la reconnoissent pour leur Reine. Ils reçoiuent vn Gouuerneur de sa part, sçauoir le Comte de Paredes ennemi mortel du Marquis, qui s'ennuyant d'apprendre tous les jours les nouuelles pertes qu'il faisoit pour le seruice du Portugais, ne faisoit plus tant de rodomontades; ce n'estoient plus que des plaintes & des reproches qui ne plurent gueres à Alfonse, ni à Ieanne sa femme; aussi croyans estre trahis, ils abandonnerent secrettement de nuit la ville de Zamora, & se retirerent au fort de Toro. Aprés leur retraite le Chasteau de Burgos se rendit à Isabelle, & elle y mit pour Capitaine l'vn de ses plus affidez, sçauoir Diego de Ribera, qui auoit esté Gouuerneur de l'Infant Alfonse son pere. La prudence de cette sage Princesse ne luy permit pas de demeurer plus long-temps à Burgos, elle en sortit aprés y auoir donné les ordres necessaires pour sa conseruation & son repos, & passa à Valladolid, & de là à Tordesillas, pour mieux obseruer ce que feroient les ennemis. Elle n'estoit pas presque arriuée à Tordesille, que Pierre d'Estuniga qui auoit toûjours esté fidele à sa Majesté & à Ferdinand, se vint jetter à leurs pieds, & leur demander grace pour son pere le Duc d'Areualo, l'vn des principaux Chefs des factieux, & qui pour ce sujet l'auoit fort mal traitté, Isabelle eût tant de bonté, qu'en faueur du fils, elle pardonna au pere, & à tous ceux de la Maison d'Estuniga, qui depuis ce temps là a toûjours esté attachée à son seruice auec vne loüable fidelité.

X. Cependant Ferdinand mourant d'impatience de terminer leur different par vne bataille, se confioit au bonheur qui l'accompagnoit, & aux grandes forces que la Reine sa femme luy auoit enuoyées par le Cardinal d'Espagne, & de ce que Aluare de Mendoça Comte de Castro auoit défait & pris prisonnier le Comte de Penna Mayor l'vn des premiers Capitaines du Portugais. Or si Alfonse differoit le combat, il n'auoit pas vne moindre enuie que Ferdinand pour en venir aux mains, mais il attendoit vn puiſſant ſecours, que le Prince Iean ſon fils luy deuoit amener. Enfin ce Prince arriue auec les troupes qu'il attendoit, il entre dans Toro, & Alfonſe diſſimulant de ſçauoir la reuolte du Duc d'Areualo, & le mécontentement du Marquis de Villena, il leur écrit à tous deux, & leur fait ſçauoir cette bonne nouuelle, à quoy il ajouſte que Loüis XI. Roy de France faiſoit marcher vne armée ſous la conduite d'Amanieu Seigneur d'Albret pour entrer dans la Prouince de Guipuſcoa, & ſur les autres terres ſujettes au Roy d'Arragon. Mais l'vn & l'autre faiſant la ſourde oreille, il ne laiſſa pas de pourſuiure ſa pointe, & il crut qu'il ſera auſſi heureux aux enuirons de Zamora & de Toro dans la Caſtille, qu'il l'auoit eſté à Arzile & à Tanger dans l'Afrique. Ferdinand d'autre part ne luy cede pas en courage, ni en belles eſperances. Il eſtoit animé par le conſeil de la Reine ſa femme, & du Cardinal d'Eſpagne, & ſe voyant accompagné de tant de braue Nobleſſe de Caſtille, de Leon & d'Arragon, dont les noms & les qualitez ſont écrites dans les Hiſtoires d'Eſpa-

Mayerne. Illeſcas.

gne, il ne songea plus qu'à recogner le Portugais dans son Royaume, & à le chasser honteusement de la Castille. Enfin on en vint aux mains, & le combat fut fort opiniastré. Les Historiens Portugais disent que Ferdinand perdit la bataille, mais les les Castillans n'en demeurent pas d'accord, & publient tout le contraire. Ils asseurent que l'armée Portugaise estoit en vn si mauuais ordre, que ce n'estoit que confusion, & que cette victoire fut suiuie de la prise par Ferdinand du Chasteau de Zamora, & de la ville de Toro. Il est vray que les partisans d'Alfonse ne se sont pû empescher d'auoüer que Ferdinand aprés la bataille continua le siege de Toro, & que les Portugais ne purent jamais l'obliger à le leuer, & que ce Roy qui auoit accoustumé de vaincre en Afrique, fut vaincu en Espagne en cette occasion par le Roy Ferdinand.

Vasconcellius.

Mariana.

XI. Alfonse ne perdit point cœur aprés ce funeste reuers, cette déroute, & le malheur qui arrestoit le progrés de ses armes, ne diminuërent rien de son courage, ni du desir qu'il auoit de regner en Castille. Il passe luy-mesme en France, d'où il esperoit tirer du secours, il vient à Tours trouuer le Roy Louis XI. qui ne manqua pas de

P. Mathieu. Sainte-Marthe.

luy faire vn bon accueil, & de luy donner de belles paroles. Il visita aussi Charles Duc de Bourgongne son cousin, mais cela ruina toutes ses affaires; car il auroit esté plus facile d'accorder le feu & l'eau, que ces deux grands Princes, qui estant bien vnis auroient facilement conquis tout le monde, & qui estant desvnis ne pouuoient pas assister leurs amis, ni ceux qui demandoient leur assistance. Le Portugais fut donc contraint alors de ceder au temps, & à sa mauuaise fortune. Mais estant de retour en son Royaume, le Prince Iean son fils fit vne action digne d'vn Prince Chrestien, & d'vn bon fils. Car il ceda à son pere la qualité de Roy qu'il luy auoit donnée quand il sortit d'Espagne pour venir en France, ainsi que le rapporte Mariana dans le Chapitre XXI. du Liure XXIV. de son Histoire d'Espagne, où il louë extrémement le courage & la vertu de ce Prince. Or si Alfonse Roy de Portugal receut de la consolation, de la bonté, & de la generosité de son fils, il eut aussi bien de l'affliction de la mauuaise conduite de Ieanne sa sœur Reine de Castille, qui mourut en couche à Madrid deux ans aprés la mort de son mari Henry IV. Roy de Ca-

Vasconcellius.

ſtille, ſi vous n'aimez mieux croire que ce fut de poiſon qu'Alfonſe luy fit donner, ainſi que nous le liſons dans le Chapitre I X. du meſme Liure de l'Hiſtoire d'Eſpagne de Mariana. Ce procedé d'Alfonſe, auprés de ſa ſœur, fit douter plus que toute autre choſe, de la naiſſance de Ieanne de Caſtille que ce Prince auoit épouſée; A quoy on pourroit auſſi ajouſter le bouleuerſement qui arriuoit de jour en jour dans ſes affaires, & le bonheur & la proſperité de ſes ennemis.

XII. En ce temps là Ferdinand & Iſabelle firent reconnoiſtre pour heritier de Caſtille & Prince des Aſturies leur fils vnique nommé Iean, comme ſon ayeul paternel Iean II. Roy d'Arragon, duquel la Reine Iſabelle eſtoit heureuſement accouchée à Seuille le vingt-huitiéme du mois de Iuin de l'an mil quatre cens ſoixante & dix-huit, à vnze heures du matin. Ce qui donna tant de joye au Roy d'Arragon ſon ayeul paternel, qu'il voulut que ce petit Prince fuſt eſleué à ſa Cour, afin qu'il priſt facilement les mœurs & les façons de faire de ce Royaume; mais il mourut à l'âge de dix-neuf ans, & il fut extrémement regretté, car tout jeune qu'il eſtoit, il auoit donné toutes les marques d'vn grand Prince, & on pouuoit justement esperer qu'il seroit vn jour la gloire des Espagnes. Iean II. Roy d'Arragon ne pût pas voir l'Infant ou le Prince Iean son petit fils. Car ce bon vieillard mourut le vingt-neufiéme de Ianuier de l'année mil quatre cens soixante & dix-neuf, âgé de quatre-vingts ans, sept mois, & vingt jours. Il laissa la Couronne d'Arragon à Ferdinand mari d'Isabelle Reine de Castille, & celle de Nauarre à Eleonor sœur de pere de Ferdinand, & sœur de pere & de mere de Charles Prince de Viane, si celebre dans l'Histoire de Nauarre & d'Arragon, & veuue de Gaston Comte de Foix, à laquelle le Royaume de Nauarre appartenoit, à cause de sa mere Blanche Reine & heritiere de Nauarre, premiere femme de Iean II. Roy d'Arragon. Nous verrons (dans la VII. Partie de cette Vie) l'Infante Isabelle fille aisnée d'Isabelle & de Ferdinand estre declarée pour la seconde fois Princesse des Asturies, aprés la mort du Prince Iean son frere, l'ayant desia esté auant la naissance de ce Prince, à cause que le Roy Ferdinand & la Reine Isabelle n'auoient point d'enfans masles.

Vasconcellius. XIII. Alfonse, surnommé l'Africain, Roy de Portugal, voyant Ferdinand paisible possesseur du Royaume d'Arragon, & Isabelle de celuy de Castille, fit la paix auec ses ennemis, qui fut concluë à Alcantara au mois d'Octobre de l'an mil quattre cens soixante & dix-neuf, par deux tres-illustres Princesses, nostre Isabelle Reine de Castille, & Beatrix de Portugal sa tante maternelle, (qui estoit la belle-mere de Iean Prince de Portugal, fils du Roy Alfonse, la femme de Ferdinand de Portugal Duc de Viseo, & la mere d'Emanuel de Portugal Duc de Beja, qui depuis a esté Roy de Portugal, & surnommé le Grand *Mariana.* & le Conquerant) à condition, comme *Illescas.* j'ay dit aprés plusieurs Historiens François & Espagnols, & entre autres aprés l'exact Mariana au vingtiéme Chapitre du Liure XXIV. de son Histoire d'Espagne, Que le Portugais quitteroit les armes & le nom de Roy de Castille, & que Ferdinand ne prendroit plus le titre de Roy de Portugal. Que Ieanne qui auoit esté la cause de toutes les guerres qui s'estoient faites entre les Castillans & les Portugais, seroit mariée à Iean Infant de Castille fils vnique du Roy Ferdinand, & de la Reine

Isabelle quand il seroit en âge: Que si ce Prince ne la vouloit pas épouser, il seroit obligé de luy donner cent mil escus, & qu'il seroit permis à Ieanne, si l'on differoit trop le mariage, d'entrer dans telle Maison Religieuse qu'elle voudroit, & mesme d'y faire profession. Qu'Isabelle Infante de Castille, fille du Roy Ferdinand, & de la Reine Isabelle, épouseroit Alfonse fils de Iean Prince de Portugal, & petit fils du Roy Alfonse. Que le Portugais ne receuroit plus les Grands de Castille sur ses terres, qui s'y retireroient pour broüiller ou troubler le repos de la Castille. Qu'il luy seroit libre & à tous ses sujets de passer en Afrique pour y découurir des costes & de nouuelles terres, & y faire des colonies. A quoy on ajousta plusieurs autres articles que l'on peut voir dans le mesme Auteur, & dans le Liure VI. de la II. Partie de l'Histoire Pontificale & Catholique de l'Abbé Gonzalo de Illescas. En suite de ce Traité le Pape donna des Bulles, & confirma aux Rois de Portugal le droit de découurir des terres dans l'Afrique, qu'ils auoient desia obtenu dés le Pontificat de Martin V. On dit qu'Alfonse donna pour ostage de cette Paix tant desirée, la Princesse ou Reine Ieanne, qui auoit esté (comme j'ay remarqué cy-dessus) la cause de toutes les guerres qui furent faites entre les Castillans & les Portugais, & non la belle Ieanne Infante de Portugal sa fille, que le Pere Antoine de Vasconcellos appelle tres-sainte Heroïne, dont j'ay écrit la Vie dans le 11. Tome de nos Eloges des Dames Illustres. Ferdinand pour témoigner que c'estoit tout de bon qu'il faisoit la paix auec Alfonse, remit dans la ville de Mora, entre les mains de Beatrix Duchesse de Viseo, Princesse fort sage & de grande reputation & autorité, (qui aprés cinq ans de guerre auoit fait cette paix auec nostre Isabelle Reine de Castille sa niece, comme je vous l'ay remarqué) sa fille Isabelle Infante de Castille, (qui auoit esté declarée Princesse des Asturies auant la naissance du Prince Iean) & Alfonse fils de l'Infant de Portugal, & petit fils d'Alfonse V. dit l'Africain, Roy de Portugal.

Mariana.

XIV. Lors que Ferdinand Roy d'Aragon receut la nouuelle qu'Isabelle Reine de Castille auoit fait la Paix à son auantage, il estoit en la ville de Valence la grande, & il la vint trouuer à Tolede pour se réjouir auec elle du bien & du repos qu'elle auoit procuré à l'Espagne, où l'on ne parloit plus de troubles, de diuisions, ni de guerres, mais de festins & de réjouïssances, & de toutes les delices qui suiuent & accompagnent vne heureuse paix. Mais pour acheuer ce bonheur la Reine Isabelle accoucha heureusement à Tolede dans l'Hostel du Comte de Cifuentes, le sixiéme de Nouembre de la mesme année mil quatre cens soixante & dix-neuf, d'vne seconde fille, qui fut nommée Ieanne, & qui depuis herita des Royaumes de Castille, de Leon, d'Arragon, de Grenade, de Galice, de Sicile, & de plusieurs autres Domaines, & fut mere de deux Empereurs Charles V. & Ferdinand I. & de quatre Reines. Quelques Historiens rapportent que Ferdinand & Isabelle eurent vn contentement & vne joye extréme à la naissance de cette petite Princesse (qui fut depuis Reine d'Espagne) & ils disent qu'ils l'appellerent leur *Mere*, à cause qu'elle ressembloit de visage à ses deux ayeules, sçauoir à Isabelle de Portugal Reine de Castille, mere de la Reine Isabelle, & à Ieanne Henriqués Reine d'Arragon mere du Roy Ferdinand. Ils ajoustent que nostre Isabelle appelloit ordinairement Iean son fils vni-

L. de Mayerne.

que, & ses trois autres filles ses *Anges*. Le Marquis de Villena (de l'ancienne & illustre Maison de Pacheco) deux mois aprés la naissance de cette Infante, & au commencement de l'année suiuante fit son accommodement auec Isabelle & Ferdinand, & depuis il les seruit auec vne grande fidelité en la guerre de Grenade, ainsi que nous le voyons bien décrit dans l'Histoire d'Espagne.

XV. Ce Traité de Paix qui se fit à Alcantara, ramena la Paix dans les Royaumes de Castille, & de Portugal: mais Alfonse n'estoit pas si content & si satisfait que Ferdinand & Isabelle. Car par cet accommodement le Portugais demeuroit sans femme, & la Princesse Ieanne, qu'il auoit fiancée ou épousée demeuroit sans Couronne. Toutefois cette Princesse ayant fait vne attentiue reflexion, & reconnu qu'on l'auoit joüée dans ce Traitté d'Alcantara, & qu'il faloit perdre toutes ses esperances, puisqu'on la priuoit de la Couronne de Castille, & qu'on reculoit son mariage: elle resolut de se faire Religieuse au Monastere Royal de Sainte Claire de Coimbre. D'autres disent qu'elle se retira en celuy de Santarem qu'elle auoit fondé,

Mariana. Spondanus. Mayerne.

où elle vécut plusieurs années fort saintement; & qu'elle porta cette disgrace auec vne patience toute Chrestienne. En effet elle donna depuis sa retraite tant de témoignages d'vne entiere resignation, que sa vie nous sert aujourd'huy d'vn illustre exemple de l'instabilité des choses du monde, & de la vanité des grandeurs de la terre. Quelques-vns rapportent qu'elle méprisa mesme fort genereusement l'offre & la priere que luy firent faire Ferdinand & Isabelle par leurs Ambassadeurs de vouloir patienter encore quelque temps, & qu'elle épouseroit leur fils vnique Iean Prince des Asturies, comme il auoit esté promis & arresté par le Traité de Paix; & qu'elle fit profession dans l'Ordre de Saint François en presence de ces Ambassadeurs. Alfonse conceut vne si grande douleur de ce que cette Princesse, qui estoit sa niece, & sa femme, & qui pour ses belles & ses bonnes qualitez fut appellée l'Excellente Dame, estoit priuée de ses droits qu'elle pretendoit sur les Royaumes de Castille & de Leon, qu'il en mourut au mois d'Aoust de l'an mil quatre cens quatre-vingts-vn, dans le Chasteau de Cintra, où il estoit né, âgé de quarante-neuf ans & sept mois, aprés

Vasconcellius. Sainte-Marthe.

L. de Mayerne.

Vasconcellius. Mariana. Sainte-Marthe. Spondanus.

en auoir regné quarante en Portugal, & acquis vne immortelle couronne sur les costes d'Afrique ; car il conquit sur les Infideles les fortes places d'Alcacere-Seguer, d'Arzile & de Tinger, & augmenta fort la veritable Religion en l'Ethiopie Occidentale, qu'on appelle la Guinée. L'Abbé Dom Iean Caramuel, Lobkowits, Religieux de l'Ordre de Cisteaux, & Docteur en Theologie de l'Vniuersité de Louuain, dans vn Liure qui a pour titre, *Philippe le Prudent, fils de l'Empereur Charles V. legitime Roy de Portugal, &c.* ne parle point du mariage d'Alfonse V. & de la Princesse Ieanne. Car il ne luy donne qu'vne femme, sçauoir Isabelle de Coimbre fille de Pierre de Portugal Duc de Coimbre, qu'il épousa l'an 1447. ou selon d'autres l'année suiuante. Mais le R. P. Antoine de Vasconcellos Portugais de la Compagnie de IESVS, qui a écrit auant Caramuel d'vn stile tres-elegant l'Histoire Latine, ou la Recapitulation des Rois de Portugal, met cette seconde alliance d'Alfonse & de Ieanne dans les pages 209. & 210. de son Histoire, où il rapporte que cette alliance fut cause d'vne guerre funeste au Portugal, qu'Alfonse qui auoit accoustumé de vain-

Philippus Prudens.

vaincre, fut vaincu & défait à Toro, où le Prince Iean son fils fit des merueilles contre les Castillans. Il rapporte aussi en ce mesme endroit de l'Eloge d'Alfonse, les vertus & les rares qualitez de la Reine Ieanne sa seconde femme, dont j'ay déja parlé.

TROISIE'ME PARTIE.

I. *Isabelle de Castille prend le titre de Reine d'Espagne.* II. *Elle prend la resolution, auec Ferdinand son mari, de conquerir le Royaume de Grenade sur les Maures, aprés que ces Infideles eurent surpris Zahara, contre lesquels elle fit des merueilles en plusieurs occasions.* III. *Elle leur oste la ville de Malaga.* IV. *Ferdinand auoit eu dessein de leuer le siege.* V. *Il va en Arragon appaiser les seditions, & Isabelle met un bon ordre dans les villes prises sur les Maures.* VI. *Les deuotes ceremonies que faisoient*

Ferdinand & Isabelle dans les forts & les villes qu'ils auoient conquises sur ces Infideles. VII. *Ils marient leur fille Isabelle à Alfonse Prince de Portugal, & mettent le siege deuant Grenade, où leurs Majestez sont bien seruies par le Marquis de Villena, & les autres Grands d'Espagne.* VIII. *La liberalité d'Isabelle durant ce siege.* IX. *Elle va au Camp, & fait voir sa pieté & sa valeur.* X. *Le feu se prend dans ses tentes, & est éteint.* XI. *Les Grenadins demandent à capituler, & sont receus.* XII. *Les troupes d'Isabelle entrent dans Grenade.* XIII. *Entrée Royale d'Isabelle & de Ferdinand dans cette place, au grand étonnement de toutes les autres Prouinces: La principale Mosquée des Maures est conuertie en une Eglise, & le nom des Espagnols a esté depuis ce temps-là celébre par tout le monde.*

I. 

PRE'S cette défaite, Isabelle, cette pieuse & genereuse Princesse, se voyant non seulement Maistresse des Royaumes de Castille, de Leon & de Galice; mais aussi de ceux d'Arragon, de Valence, & de l'Isle de Sicile (qu'on appelle ordinairement Sicile au delà du Far ou Phare de Messine) par le mariage qu'elle auoit contracté auec Ferdinand, elle prit le titre de Reine d'Espagne. Toutefois comme on luy pouuoit encore disputer ce titre, à cause que les Maures occupoient le Royaume de Grenade, elle resolut de conquerir ce beau Royaume, & de le retirer des mains de ces Infideles, qui l'auoient vsurpé sur les Chrestiens depuis sept ou huit cens ans, ainsi que l'on peut voir dans les Historiens qui parlent des troubles & des guerres de Grenade, comme du P. Iean Mariana de la Compagnie de IESVS, au Chapitre premier du Liure treisiéme, & dans les premiers Chapitres du Liure vingt-cinquiéme de l'Histoire d'Espagne qu'il a écrite en Latin & en Castillan : D'Estienne de Garibay depuis le Chapitre trentiéme jusques au quarante-troisiéme du Liure XL. de son Abregé Historial d'Espagne, ou des Rois Maures de Grenade: De Dom Iean Gardiola Moine Profés du Monastere Royal de Sahagun au septiéme Chapitre du Traité qu'il a fait de la Noblesse d'Espagne: Du Docteur Gonçalo de Illescas, Abbé de Saint Front, & Beneficié de Duenas, dans le Liure sixiéme de la seconde Partie de son Histoire Pontificale & Catholique: De Hierôme Zurita Chroniqueur du Royaume d'Arragon dans le IV. Tome de ses Annales de la Couronne d'Arragon Liure XX. Du sieur Fortan dans son Histoire des guerres ciuiles de Grenade, imprimée à Paris en langue Espagnole l'an 1606. auec des additions Françoises en marge, particulierement dans le Chapitre dix-septiéme & dernier: De Louïs de Mayerne, dit Turquet, Lyonnois, Docteur en Medecine, dans le vingt-troisiéme Liure de son Histoire d'Espagne.

Capitulo Diezysiete en que se pone el cerco de Grenada por el Rey Don Fernando y la Reyna Isabel y como si fundo sancta Fe.

II. Ils resolurent donc l'an mil quatre cens quatre-vingts vn, ou selon les autres l'année suiuante, de faire la guerre aux Maures & aux Sarrazins de Grenade, qui faisoient mille maux aux Chrestiens qui ne vouloient pas renoncer à nostre sainte

Roy, pour suiure & embrasser les resueries de l'Alcoran. Ces perfides croyans qu'Isabelle & Ferdinand estoient fort affoiblis par les guerres qu'ils auoient eu contre les Portugais & les Nauarrois, violerent & rompirent la Treue qu'ils auoient auec eux, & sous la conduite de leur Roy Muley Albohacen, ils surprirent de nuit par escalade, le vingt-septiéme de Decembre de l'an mil quatre cens quatre-vingts la ville de Zahara qui n'estoit pas sur ses gardes, pillerent, non seulement la ville, mais aussi le Chasteau & la forteresse, & y mirent vne forte garnison : Aprés quoy ils emmenerent prisonniers à Grenade & à Malaga tous les Chrestiens qu'ils purent attraper, & firent vn merueilleux butin. Cette irruption toucha si sensiblement Ferdinand & Isabelle qui estoient à Medina del Campo, qu'ils resolurent de declarer la guerre à ces perfides. Pour cet effet ils mirent de bonnes garnisons à Eccia, à Iahen, & aux autres places voisines & frontieres de l'Andalouzie. Ils chastierent ensuite les cruautez & les sacrileges que les Iuifs commettoient tous les jours contre la sainteté de nostre Religion, & qui auoient des intelligences secretes auec les Maurisques : car

Mariana. Mayerne. G. de Illescas. H. Zurita.

M. Baudier. A. Mireus in Chron. Ribadeneira. Illescas. I. Gardiola

l'an 1477. ils establirent l'Inquisition que les Auteurs Espagnols appellent *le Bouclier de l'Estat*, & on vid vne Declaration publiée par leurs ordres dans les Royaumes de Castille & de Leon l'an 1481. Et ensuite l'an 1483. elle fut aussi publiée aux Royaumes d'Arragon & de Valence, & dans le Comté de Catalogne. La seuerité auec laquelle elle s'executa d'abord, & dont je parleray plus bas, donna de la terreur aux mauuais Chrestiens; mais elle ne les rendit pas meilleurs, & Ferdinand & Isabelle ne joüirent pas de tout le bonheur que l'on esperoit de cette guerre, que l'on appelloit du nom de *Croisade*. Car le commencement leur fut funeste, si nous croyons aux Historiens Espagnols, particulierement à Mariana aux premiers Chapitres du Liure vingt-cinquiéme de son Histoire d'Espagne. Car bien que le Pape Sixte IV. les aidast de ses faueurs spirituelles & temporelles: qu'ils fussent seruis trés-fidelement du Duc de Medina Sidonia, du Marquis de Calis, du Marquis de Villena, & de tous les autres Seigneurs Castillans: Que les Portugais appuyassent leurs desseins en cette sainte entreprise: Que Muley Albohacen fust vn Prince vieil & cassé, qui n'estoit plus propre à rien, & que la diuision fust parmi les Rois Mores de Grenade, Boabdelin el Zelgal, & Mahumet Boabdelin le Petit; & que les Espagnols eussent surpris sur ces Infideles le chasteau & la ville d'Ahalma, située au milieu de ce Royaume là, où ils se vangerent de l'affront qu'ils auoient receu des Maures en la prise de la forte ville de Zahara: La victoire neantmoins panchoit tantost du costé des Chrestiens, tantost de celuy des Mahumetans. Et de fait les Espagnols furent défaits dans les détroits des montagnes voisines de Malaga où ils perdirent de grands hommes, & de braues Capitaines, & Ferdinand mesme fut en danger d'y perdre la vie; & les Maures bien battus aux enuirons de la ville de Loxa, qui fut enleuée à ces Barbares, & où leur Roy Boabdelin, dit Mahumet le Petit, fut fait prisonnier. Ce n'est pas qu'ensuite la Fortune ne se declarast pour les Chrestiens, car ils se rendirent Maistres de plusieurs belles villes, & entre autres de celle d'Illora, dont Gonzale Hernand de Cordouë (qui depuis fut surnommé le grand Capitaine) eut le Gouuernement. Les Historiens parlant de ces guerres, disent qu'Isabelle y fit des miracles, & par sa presence

& par ses soins. Elle animoit sans cesse le Roy son mari à ne point desesperer de cette entreprise, elle proposoit la gloire & les honneurs à tous les Grands de la Cour, & elle les sceut manier si adroitement, qu'on peut dire que tous y firent des merueilles, & particulierement le Duc de Medina Sidonia de la Maison des Gusmans. On la vid sur les frontieres de l'Andalousie & de Grenade, accompagnée du Cardinal de Mendoça ou d'Espagne, & de l'Euesque d'Auila Ferdinand Talauera, son Confesseur, Religieux de l'Ordre de S. Hierôme, Prelat de sainte vie. Elle passa à Cordouë, & aux autres villes voisines, où elle donna tous les ordres necessaires pour leur conseruation. Les injures de l'air, ni la rigueur de la saison ne purent jamais arrester son zele. Elle ne considera pas mesme sa grossesse, car l'Histoire remarque qu'elle accoucha l'an 1482. à Cordouë de l'Infante Marie sa troisiéme fille, qui fut depuis Reine de Portugal, & de l'Infante Catherine sa quatriéme fille, qui fut depuis Reine d'Angleterre, à Alcala de Henarez le seiziéme de Decembre de l'an 1485. Mais le Ciel qui protegeoit Isabelle ne l'abandonna pas parmi tant de trauaux. Elle

Gonzaga Illescas.

Mayerne.

G. Illescas. N Bergeron. Mayerne.

conquit en ce temps là vers l'an 1483. par la valeur & la conduite de Pierre de Vera, & d'Alfonse de Muxica (excellens & experimentez Capitaines) la grande Canarie, Theneriffe, & l'Isle de Palme, & les ajoûta aux quatre autres Isles qui auoient esté conquises sous le regne de son ayeul Henry III. Roy de Castille, par Iean de Bethancour, Cheualier François, & Chambellan de nostre Roy Charles VI.

Les Auteurs de l'Abregé de l'Histoire d'Espagne, & de la Vie de Iean de Bethancour Roy des Canaries.

III. Toutes ces heureuses expeditions, & toutes ces conquestes firent prendre resolution à Isabelle & à Ferdinand vers le mois d'Auril de l'an 1487. de mettre le siege deuant Malaga, où vne infinité de Chrestiens gemissoient dans les cachots de cette forte place, & ils la forcerent le 18. du mois d'Aoust de la mesme année, aprés vn siege de trois mois. Les Maures firent tous leurs efforts pour defendre cette place, mais ils furent obligez, pressez de la faim, de l'abandonner à Ferdinand & à Isabelle, bien qu'elle fust vne des meilleures places de Grenade, qui estoit fortifiée de deux chasteaux, & appuyée de bonnes tours. Pendant ce siege ils tenterent plusieurs fois de les faire assassiner par vn de leurs Hermites, qui entra jusques dans la tente

Mayerne.

du Roy, où il blessa dangereusement d'vn coup de cimeterre Aluaro de Tolede, croyant que ce fust le Roy Ferdinand, & il en eust fait autant à Beatrix de Bouadilla Marquise de Moya (qu'il prenoit pour la Reine) sans les seruiteurs de cette Dame, qui mirent en pieces cet Hermite Mahumetan.

Æ. Camartus. F. Lanouius in Chr. F. Victonius. S. Isnardus. Louis Doni d'Atichy aujourd'huy Euesque d'Autun au Chap 1. de de l'Hist. de l'Ordre des Minimes.

IV. Quelques Ecriuains, & entre autres les Historiens & les Chroniqueurs de nostre Ordre des Minimes, rapportent que Ferdinand auroit sans doute leué le siege de deuant Malaga, voyant la resistance des Maures, si Saint François de Paule, qui estoit alors à Tours, ne luy eust enuoyé, & à la Reine Isabelle, deux de ses Religieux (que l'on conjecture auoir esté les Peres Bernardin de Cropulatu Italien, & Damien ou Iaques l'Espreuier François) pour les exhorter à poursuiure ce siege, qu'ils seroient Maistres dans peu de temps de cette forte place, & qu'ils deliureroient par la prise de cette ville vne infinité de Chrestiens qui gemissoient sous les fers. Et de fait bien que les Maures fissent des choses qui surpassent toute croyance, ils capitulerent dans peu de jours, & le Roy y entra victorieux auec la Reine sa femme. Mais Ferdinand & Isabelle pour ne point paroiſtre ingrats auprés de Saint François, & pour luy témoigner l'obligation qu'ils luy auoient de les auoir auertis de leur bien, comme par vn eſprit de prophetie, ils fonderent l'an mil quatre cens quatre-vingts douze aux enuirons de cette ſeconde ville du Royaume de Grenade, vn Conuent de l'Ordre de S. François de Paule, qu'on appelle *Le Monaſtere de Noſtre Dame de la Victoire*, qui eſt le premier de tous les Conuens que nos Minimes ont en Eſpagne ; ce qui les a fait appeller depuis par la pluſpart des Eſpagnols, *Les Religieux de la Victoire*, ainſi que je l'ay remarqué dans la VI. Partie de l'Hiſtoire de ce Saint, que j'ay donnée au public ſous le titre de *Portrait en petit de S. François de Paule Inſtituteur & Fondateur de l'Ordre des Minimes, ou l'Hiſtoire abregée de ſa Vie, de ſa Mort, & de ſes Miracles*.

V. Aprés la priſe de Malaga, belle & forte ville, qui eſt aſſiſe en vne plaine fertile, ſur les bords de la mer, Ferdinand fut contraint d'interrompre pour quelque temps la guerre de Grenade, afin d'aller en diligence à Sarragoſſe, & de là à Valence appaiſer les grandes diuiſions qui eſtoient dans ſon Royaume d'Arragon, comme on le peut voir dans le Chapitre onziéme du Liure vingt-cinq de l'Histoire d'Espagne de Mariana. Tandis que ce Prince tasche par sa prudence de remedier aux desordres qu'auoient causé quelques jeunes Seigneurs remuans & desireux de nouueautez, & qui ne souhaitoient que les guerres ciuiles, comme les Pyraustes les flammes; nostre pieuse & genereuse Isabelle (que la pluspart des Historiens qualifient du nom de *Princesse courageuse, & magnanime Heroïne, & d'vne vertu Royale*) ne perdit point l'occasion d'auancer la gloire de Dieu, & de son Eglise dans Malaga, & dans toutes les autres places & villes que le Roy son mari auoit conquises sur les Maures. Car elle eut vn soin particulier de faire rendre des actions de graces à Nostre Seigneur par toutes les Eglises & les villes de son obeïssance, de faire purifier les Mosquées des Mahumetans pour y dresser des Autels en l'honneur du Roy des Rois, du Seigneur des Seigneurs, & du Dieu des batailles & des victoires, où elle donna de riches ornemens qu'elle auoit faits de ses propres mains, ou qu'elle auoit fait faire par les Infantes ses filles, ou par les Dames & Demoiselles de sa Cour, ainsi que je re-

G. de Illescas. Sainte-Marthe.

Lipsius.

marqueray à la fin de cet Eloge dans la septiéme Partie.

VI. Plusieurs Auteurs qui ont écrit l'Histoire d'Espagne (& entre autres vn passionné Heretique, capital ennemi du saint Siege, & des ceremonies de l'Eglise) rapportent les deuotes ceremonies que faisoient faire Ferdinand & Isabelle, quand ils auoient gagné quelque ville sur les ennemis de la Religion Chrestienne. Ils auoient soin (disent-ils) d'y enuoyer trois Drapeaux benits, que l'on mettoit sur le lieu le plus eminent, ou sur la plus haute tour de la place. Le premier estoit celuy de la Croisade, pour faire souuenir aux Chrestiens de leur redemption. Et il estoit posé tout déployé par l'Enseigne du premier & du plus ancien regiment: alors toute l'armée se mettoit à genoux, & rendoit graces à Dieu auec mille acclamations, ainsi que les curieux le pourront voir dans les Histoires. Le second Estendart, estoit celuy de l'Apostre Saint Iaques fils de Zebedée, que les Espagnols reconnoissent pour leur Patron & leur Protecteur, qui estoit posé auec les mesmes ceremonies, durant que tout le peuple crioit auec joye & allegresse, *Saint Iaques*, *Saint Iaques*. Le troi-

L. de Mayerne, dit Turquet.

Gonzalo de Illescas dans la II. Partie de son Hist. Pontificale Liure VI.

ſiéme eſtoit la Baniere Royale de Ferdinand & d'Iſabelle, où l'on voyoit leurs armes écartelées, & celles de tous leurs Royaumes ; à meſme temps que cet eſtendart paroiſſoit à la veuë du peuple, il crioit à haute voix *Caſtille, Caſtille pour le Roy D. Ferdinand, & pour la Reine Iſabelle.* Aprés quoy les Eueſques purifioient les Moſquées, qui auoient ſerui aux profanations des Mores, les beniſſoient & les conſacroient à Dieu ſous le nom ou le titre de la Vierge, ou de quelque autre Saint : en ſuite dequoy on chantoit le *Te Deum.* Les Chreſtiens qui ſe trouuoient priſonniers eſtoient mis en liberté, & ſouuent leurs Majeſtez les menoient à leur ſuite quand ils faiſoient leurs entrées dans les villes Chreſtiennes, pour animer dauantage leurs ſujets & leurs peuples contre les Infideles. La Reine Iſabelle eſt loüée par tous les Ecriuains, tant Eſpagnols que des autres nations, pour auoir eſté la plus zelée à cette guerre, & pour auoir le plus contribué par ſa prudence & par ſa pieté à la conqueſte du Royaume de Grenade. Car non ſeulement elle perſuada au Roy ſon mari, & à tous les braues de la Cour d'entreprendre cette guerre contre les Maures, & de leur

Genebrardus. Spondanus. Bzouius.

oster les villes d'Almerie, de Guadix, de Baça, & autres places & forteresses qu'ils possedoient : mais aussi elle entretenoit dans ses armées quatre tentes, sous le nom de *l'Hospital de la Reine*, pour y retirer les soldats estropiez & inutiles. Il y auoit dans ces Hospitaux des Medecins, des Chirurgiens, & des Apoticaires pour assister les soldats blessez durant leurs maladies, qu'elle entretint à ses propres dépens, & le soin qu'elle prenoit de ces pauures miserables, la fit aimer & respecter de tous les Capitaines, & de tous les soldats, qui l'honnoroient comme leur mere. Souuent elle montoit à cheual, & paroissoit la premiere à la teste des troupes aux lieux les plus dangereux, par où elle faisoit voir qu'elle se seruiroit, s'il en estoit besoin, aussi bien de la lance, que de la quenouille, & qu'elle entendoit aussi bien la façon de vaincre ses ennemis, que de policer son Royaume. Mais pour mieux établir la Religion Chrestienne dans Guadix & dans Almerie, elle y fit mettre des Euesques pour veiller sur ces Infideles, & sur les nouueaux Chrestiens. Et mesme ayant appris que les Maures qui estoient restez dans ces deux villes, & dans celle de Baça, auoient des

Mayerne.

Lipsius.

Mariana.

Mayerne.

intelligences ſecrettes auec le Roy Mahumet le Petit, elle pria le Roy Ferdinand de vouloir faire déloger des fortereſſes & de toutes les villes murées tous les Mahumetans, & de leur defendre de ne point habiter ailleurs que dans les hameaux & dans les villages.

VII. Aprés qu'Iſabelle & Ferdinand eurent chaſſé des forts & de toutes les villes les Mauriſques, ils allerent à Seuille, où ils firent les fiançailles de leur fille aiſnée l'Infante Iſabelle auec l'Infant Alfonſe fils de Iean II. du nom Roy de Portugal, qui furent depuis mariez dans la ville d'Eſtremos en Portugal, au mois de Nouembre de l'an mil quatre cens quatre-vingts dix, auec vn ſomptueux appareil, & de grandes magnificences. Cette alliance qui donna la Paix à ces deux Couronnes, auança fort la Religion Chreſtienne en Eſpagne. Car Iſabelle & Ferdinand ſe voyans appuyez de puiſſans alliez, & de bons amis par ce mariage, allerent à Seuille où ils reſolurent d'attaquer Grenade. Et de fait ils mirent le ſiege au commencement de l'année 1491. deuant cette capitale du Royaume, ſur laquelle les Maures mettoient toutes leurs eſperances, & où eſtoient renfermées toutes

Sainte-Marthes.

leurs

leurs forces. Pour cet effet Isabelle enuoya en Hierusalem vn riche voile qu'elle auoit trauaillé de sa propre main, pour mettre sur le saint Sepulchre de nostre Sauueur, & le presenta comme vne offrande à Dieu, afin que sa Diuine Majesté fist reüssir le dessein qu'elle auoit formé à sa plus grande gloire, pour le salut des ames, & l'auancement de son Eglise. Il y a des Auteurs qui disent que Ferdinand & elle, donnerent & assignerent aux Peres Cordeliers, ou Religieux de S. François d'Assise, qui demeurent au saint Sepulchre en Hierusalem, mille ducats de rente annuelle, (qui leur sont demeurez, & qui est le plus beau reuenu qu'ils ayent aujourd'huy) afin de participer durant cette guerre à leurs saints sacrifices & oraisons; Car ils auoient resolu d'entreprendre cette guerre, & de la continuer sans interruption, jusques à ce qu'ils auroient vaincu & surmonté ces Infideles, & pris sur eux la ville de Grenade qu'ils occupoient, & où les Rois Maures auoient establi leur Cour & leur siege depuis huit siecles, à la honte de toute l'Espagne.

L'Auteur de l'Abregé de l'Histoire d'Espagne.

Ce fut donc vn Samedy XXIII. d'Auril de l'an mil quatre cens quatre vingts onze, jour de la feste du Martyr S. George, (l'vn des Saints Protecteurs de la milice Chrestienne, auec les SS. Martyrs Sebastien & Maurice) & de la naissance de la Reine Isabelle, que Ferdinand Roy d'Arragon ou d'Espagne (sans se soucier des menaces que luy faisoit le Soldan d'Egypte, ni considerer les prieres que son parent & son allié Ferdinand Roy de Naples luy faisoit) mit le siege deuant cette Metropolitaine de tous les Estats des Maures, aprés l'auoir tenuë bloquée quelque temps par les troupes que commandoit le Marquis de Villena, qui brûla neuf bourgs ou gros villages, & les maisons de plaisance des Grenadins, & fit le dégast dans les plaines voisines, & aux enuirons de cette ville pour les incommoder, bien qu'elle fust gardée par vne puissante garnison, & de braues hommes, outre les habitans qui estoient assez aguerris. Grenade cette ville Royale, que la nature & l'art auoient renduë comme imprenable, est située au milieu d'vne belle & fertile campagne, elle est enuironnée de mille & trente tours, auec deux chasteaux, dont le plus fort & le plus considerable estoit du costé du Midy, & ils l'appelloient Alham-

Mariana. Zurita.

bra ou Fort rouge, & l'autre Albacaym, & on y comptoit jusques à soixante mille maisons, parmy lesquelles estoit vne superbe Mosquée (qui est aujourd'huy l'Eglise Cathedrale, mais qui est bien plus belle & bien plus magnifique qu'elle n'étoit pas en ce temps-là) auec vne infinité d'autres superbes Palais & somptueux edifices, qui la rendoient l'vne des plus belles villes, non seulement de toute l'Espagne, mais aussi de toute l'Europe, ainsi que nous la dépeint fort elegamment le P. Iean Mariana dans les Chapitres XVI. & XVIII. du Liure XXV. de son Histoire d'Espagne. La pluspart des Historiens rapportent, qu'en cette expedition l'armée de Ferdinand & d'Isabelle estoit composée de quarante mille hommes de pied, & de dix mille cheuaux choisis, parmy lesquels estoient le Grand Maistre de l'Ordre de S. Iacques, le Marquis de Calis, & son beau-frere Roderic Ponce de Leon, les Comtes d'Vregna, de Cabra, de Cifuentes, Alfonse d'Aguilar, & plusieurs autres braues de leur Cour, qui y estoient accourus sur la nouuelle de l'heureux progrez qu'auoit fait le Marquis de Villena, aux destroits & aux lieux voisins de Grenade. Et de fait ce grand Capitaine ayant passé plusieurs défilez, il força quinze gros bourgs qu'il brûla, comme les neuf autres qu'il leur auoit desia pris; battit & défit les Maures non seulement dans les plaines & dans les campagnes, mais il les alla chercher parmy les montagnes & les rochers inaccessibles, où ils auoient porté toutes leurs richesses. Nous trouuons dans l'Histoire que les Maures apprehendant le succés de cette guerre, cacherent en ces lieux-là leur argent, & tout ce qu'ils auoient de plus precieux, s'imaginant qu'on ne pourroit iamais percer ces retraites & ces cauernes, & que ces rochers estoient bien plus seurs que toutes les fortifications de toutes les Tours de Grenade. Le Marquis aprés ces heureux exploits, ramena son armée (qui estoit encore de trois mille cheuaux, & dix mille hommes de pied) à Padul, comme disent les Espagnols, ou à Pradal, comme l'appellent nos François; & de là à Golto, où le Roy Ferdinand par l'auis de son Conseil fit tracer l'enceinte d'vne ville qu'il appella Sainte Foy. L'on bâtit des maisons pour mettre à couuert son armée durant les incommoditez de l'hyuer, si le siege de Grenade duroit long temps, comme l'on le craignoit. Cependant pour

J. Marian. G. de Illescas. Mayerne.

se parer des sorties continuelles que les assiegez, qui estoient puissans, pourroient faire sur le camp, Ferdinand & Isabelle ordonnerent de le fortifier de tranchées & de forts, & ils n'oublierent rien en cette occasion de ce qui pouuoit seruir à la seureté de leurs troupes, & de celles de leurs alliez.

VIII. Il faudroit des volumes entiers pour décrire toutes les particularitez de ce siege memorable. Isabelle y mit vn ordre & vne police merueilleuse; & elle s'y fit remarquer par mille vertus qu'elle y pratiqua; mais particulierement par sa liberalité. Car elle engagea presque tout le domaine Royal, vendit iusques aux meubles de son Palais, & emprunta sur ses pierreries & ses bagues, des Communautez, & des particuliers, des sommes immenses, pour fournir aux necessitez de ce siege. Elle sçauoit qu'vn Prince auaricieux ne fait jamais de grandes conquestes. *Mayerne.*

L'on dit que les Papes Sixte IV. & Innocent VIII. luy donnerent l'espace de dix ans que dura cette guerre des Maurisques, de notables secours. Quelques Ecriuains Espagnols & François rapportent que le Pape Innocent VIII. leur donna tous *Alfonsus Ciaconius. Spondanus.*

les ans tandis que dura cette guerre soixante & dix mille escus d'or. Isabelle ne se contenta pas de trouuer de l'argent pour faire subsister ses troupes, elle prit aussi le soin d'auoir des canoniers & d'autres officiers de France & d'Alemagne, pour faire seruir son artillerie; & sçachant qu'il n'y auoit rien qui donnast tant de cœur au soldat que la presence du Prince, elle quitta Alcala Real, & vint au camp, où les soldats malades éprouuerent sa pieté, (dans l'Hospital qu'elle auoit fait dresser sous des tentes) les morts sa charité, les sains & les viuans sa liberalité.

IX. Le camp prit vne nouuelle face à son arriuée, tout y retentit de joye & de cris d'allegresse, & le Grand Maistre de saint Iaques fut deputé auec le Marquis de Calis pour luy aller au deuant, & la receuoir auec ses enfans qu'elle amena à l'armée. D'abord qu'elle fut dans le camp, son diuertissement ordinaire fut de voir si les regimens estoient en bon ordre, elle alloit de quartier en quartier encourageant le soldat, & particulierement où elle sçauoit que les Maures auoient fait quelque sortie. On la vid vn jour que les Maures estoient sortis en grand nombre, marcher à la teste de ses troupes pour s'opposer à leurs efforts,

Mayerne.

& elle sceut si bien encourager les siens, que les ennemis perdirent tout leur canon, laisserent plus de six cens de leurs meilleurs hommes sur la place, sans quatre mille qui y furent blessez. Isabelle attribuoit ces heureux succés à la prudente conduite du Marquis de Calis, & luy donnoit tout l'honneur de la victoire, & luy au contraire disoit, que s'il auoit reüssi c'estoit par le bonheur ineuitable de cette Heroine, qui merita par ses belles actions le titre & le surnom de la *Mere des armées*, comme parmy les anciens la vaillante Victorine. L'vn des plus illustres Ecriuains du Pays bas, & du monde, l'a comparée à Zenobie, & l'vn de nos Historiens François l'a appellée la *Zenobie d'Espagne*. On la voyoit souuent à cheual courir de quartier en quartier pour animer les soldats, & remettre ceux qui estoient ébranlez des frequentes sorties des ennemis, qui admirerent son courage, & la bonne fortune qui l'accompagnoit.

I. Lipsius in monitis & exemplis politicis. P. Mathieu liure 8. de l'Histoire de Louis XI.

X. Vn jour le feu s'estant pris dans ses tentes par la negligence de l'vne de ses femmes, le vent, & la matiere facile à brûler sur laquelle il s'estoit attaché, auroit fait vn dangereux embrazement, si Isabelle par

L. de Mayerne. H. Zurita cap. 89. Lib. 20. de los Anales de la Coro-

na de Aragon.

ſa prudence n'y eût donné ordre, & n'euſt raſſeuré par ſa preſence, l'effroy de ſon armée, qui croyoit que ce fuſt vn ſtratageme des Maures pour l'attaquer. Elle témoigna tant de reſolution dans cette ſurpriſe, & ſi peu d'émotion, que les plus timides ayant repris cœur, on découurit la cauſe de cet incendie; & Ferdinand eſtant ſorti tout nud l'eſpée à la main pour s'oppoſer à l'effort des ennemis qu'il apprehendoit pendant cette confuſion, donna les ordres neceſſaires en vne pareille rencontre. Ce que firent auſſi la Reine Iſabelle, & la Princeſſe Ieanne leur ſeconde fille. Il eſt vray que ſi les Maures fuſſent ſortis pendant ce deſordre ſur le camp, les Chreſtiens eſtant alors occupez à éteindre cet embrazement, ils n'auroient pas peu cauſé de dommage; mais on en fut quitte pour la peur, & pour quelques tentes qui furent brûlées.

XI. Cependant les aſſiegez preſſez de toutes parts, & manquans de viures & de munitions, ne peurent pas dauantage s'oppoſer à la bonne fortune d'Iſabelle, & comme s'ils euſſent conſpiré auec elle à ſa gloire, demanderent à capituler: Et Mahumet Boabdelin dit le Petit (qui auoit eſté aſſez changeant durant cette guerre) se vid priué de la Couronne & de la dignité Royale par la reddition de cette place. Mais si cet auantage affligea les Maures, il fut fort agreable aux Chrestiens, qui ne croyoient pas pouuoir en si peu de temps emporter cette forteresse. On void les articles de cette capitulation, qui furent dressez par Gonzale Ferdinand ou Hernand de Cordouë, & le Secretaire Fernand de Safra, deputez du Roy Ferdinand & de la Reine Isabelle, & Bulcacin Mulch Alcaide ou Gouuerneur de Grenade, pour les Grenadins, & leur Roy Mahumet, dans la pluspart des Escriuains de l'Histoire d'Espagne, & particulierement dans le Chapitre XVI. du Liure XXVI. de celle de Mariana; & dans le XXIII. Liure de celle de Loüis de Mayerne. Les curieux y auront recours, s'il leur plaist, la crainte que j'ay de passer les bornes que je me suis proposées, ne me permet pas de les rapporter dans ce petit Eloge. *Mariana. Mayerne.*

XII. Les troupes victorieuses d'Isabelle entrerent donc dans Grenade sur le commencement de Ianuier de l'an 1492. aprés vn siege de huit mois. Mais cette nation qui est perfide, volage, seditieuse, & ennemie mortelle de la paix, & de la tranquillité, émeut vne horrible sedition. Vingt mille de ces maranes tous de la lie du peuple, qui demeuroient au quartier voisin du Chasteau d'Albacaim ou d'Albaizin, se mutinerent & cantonnerent contre leur Roy Mahumet Boabdelem, & les principaux de la ville, appellent le traité que ce Prince Maure auoit fait auec les Rois Catholiques, vne lasche trahison, & ces mutins le presserent au poinct qu'il fut contraint de se retirer dans le Fort d'Alhambra, pour éuiter la fureur de cette canaille, qui s'estoit sousleuée contre luy. Ce fut donc le premier ou le second jour de l'année 1492. que Mahumet Boabdelem, dit le Petit, Roy de Grenade, presenta en personne les clefs de ce Chasteau ou Forteresse au Roy Ferdinand, & luy dit, *Sire, je suis & tous les miens à vostre seruice, voila les clefs de l'Hostel & du Palais Royal de Grenade, qui est maintenant à vostre Majesté.* Ferdinand receut les clefs de ses mains, & les presenta à la Reine Isabelle, qui les donna à leur fils vnique Iean Prince des Asturies & de Girone, qui les remit à Ignace Lopez de Mendoça Comte de Tendilla, qui au mesme temps entra dans

Mayerne. Mariana. Opmeru s Bzouius. De Illescas. Spondanus. Balinghen. H. Zurita.

cette ville auec trois mille cheuaux, & autant de fantassins, auec le Marquis de Villena & plusieurs autres Seigneurs. Aussitost qu'il fut maistre de la place, Ferdinand ou Hernand de Talauera Euesque d'Auila, & designé Archeuesque de Grenade, (qui auoit esté Confesseur de la Reine Isabelle & du Roy Ferdinand) monta sur la plus haute tour pour y planter la Croix, (qui estoit celle que faisoit porter deuant luy le Cardinal de Mendoça, comme Archeuesque de Tolede & Primat d'Espagne) & posa ensuite les estendars de saint Iaques, & des Rois Ferdinand & Isabelle, auec les ceremonies dont je vous ay parlé. Le mesme jour Ferdinand & Isabelle entrerent dans le mesme Chasteau auec vne pompe magnifique, suiuis des Ecclesiastiques & de la Noblesse, où ils assisterent aux prieres que l'Archeuesque de Grenade fit en action de graces de cette victoire, ainsi qu'il se pratique ordinairement aprés de semblables victoires, & qu'il est porté dans le Pontifical.

F Gonzaga in 3. part. hist. Seraph.

Mayerne. Zurita lib. 20. cap. 92. de los Anales de Aragon.

Spondanus.

XIII. Cette pompe acheuée, ils se retirerent au camp auec la mesme magnificence auec laquelle ils estoient venus;

mais les jours suiuans la ville ayant esté purifiée, & vne infinité d'esclaues Chrestiens deliurez de la seruitude & de la misere, Ferdinand & Isabelle firent leur entrée Royale dans la ville de Grenade, le VI. de Ianuier, jour aussi heureux & fortuné pour toutes les Espagnes, comme il est glorieux pour la memoire des Rois. On fit aussi vne lettre circulaire qu'on enuoya au Pape Innocent VIII. aux Rois & aux Princes Chrestiens, pour leur donner auis de cette heureuse conqueste, qui ne donna pas peu d'estonnement à toutes les autres nations, ainsi que nous l'apprenons par les lettres qui en ont esté écrites à deux Cardinaux Milanois, Ascagne Marie Sforce, & Iean Archimbold, par Bernard Del Roy, & Pierre Martyr natif d'Anghiari au Milanez, qui estoient pour lors à la Cour d'Isabelle & de Ferdinand. Leur Historiographe Mariana n'a pas oublié de remarquer dans le dernier Chapitre du Liure XXV. de son Histoire, & dans le I. du XXVI. Liure, que depuis ce temps-là le nom des Espagnols qui auoit perdu tout le lustre qu'ils s'estoient acquis du temps des Romains, & qui l'auoient comme enfermé

A. de Balinghem.

Spondanus.

dans les étroites limites des Espagnes, fut redouté non seulement dans l'Italie, la France, & l'Afrique, par les victoires qu'ils en remporterent, mais aussi jusques aux extremitez de la terre, & aux dernieres parties de l'Ocean. Le mesme Auteur rapporte sur la fin du dernier Chapitre du Liure XXV. que cette bonne nouuelle arriua à Rome le 1. de Feurier 1492. par le moyen de Iean Strada Ambassadeur du Roy Ferdinand; qu'elle y apporta tant de joye, qu'on n'entendoit que des actions de graces par toute la ville; il se fit des Panegyriques publics & des particuliers sur cette heureuse conqueste; tout éclatoit dans l'Eglise de Saint Iacques, & on n'oublia rien de ce qui pouuoit contribuer à l'honneur des Espagnols. La plusspart des Ecriuains donnent la principale gloire de cette conqueste à la constance, au courage, & au zele de la vertueuse Isabelle, qui auoit fait vœu à Dieu de luy consacrer la principale Mosquée (qui est aujourd'huy l'Eglise Cathedrale de Grenade) sous le titre de l'immaculée Conception de la Vierge Mere du Sauueur du monde, ainsi que nous l'apprenons de l'Homilie XIX. du R. P. Iean de Cartagena Theologien & Predicateur de l'Ordre du

Mariana. Genebrardus. Spondanus. A. de Balinghem. in Kal. Virg. Maria. I. Cartagena l. 1. de sacris arcanis Deipara Hom. 19. §. 4. Ioannes Tamaio. Salasar Tom. 6. &

vltimo Martyrol. Hisp.

Seraphique P. S. François, & des Notes de Iean Tamaio Salasar page 385. sur son Martyrologe d'Espagne.

QVATRIE'ME PARTIE.

I. *Isabelle & Ferdinand abbatent & ruinent le Mahumetisme & le Iudaïsme aprés la prise de Grenade.* II. *Ce Roy & cette Reine sont honorez par les Papes du titre de* Catholiques. III. *Le titre de* Tres-Chrestien *plus ancien dans la Maison de France, que celuy de* Catholique *dans celle d'Espagne.* IV. *Remarque de Philippe de Comines.* V. *L'Inquisition établie par Ferdinand & Isabelle.* VI. *Les Iacobins Inquisiteurs en Espagne.* VII. *L'Inquisition a empesché le Lutheranisme & le Caluinisme d'entrer en ce Royaume-là.* VIII. *La seule secte des Maures a souuent troublé l'Espagne.* IX. *Elle eust encore causé de plus grands malheurs sans l'Inquisition. Les Iuifs & les Maures chassez de ce Royaume-là par la prudence & le zele d'Isabelle.*

I. SABELLE & Ferdinand aprés cette heureuse conqueste, se creurent obligez d'établir la Religion Chrestienne, comme ils auoient affermi leur autorité. Pour cet effet ils resolurent d'abattre doucement, sans violence & sans armes, les Iuifs & les Maures, & d'en deliurer entierement les Espagnes. Mais il se presentoit encore des Conquerans de nouuelles terres: Colomb qui s'estoit presenté à leurs Majestez pendant la guerre de Grenade renouuelloit ses poursuites. Isabelle qui n'auoit rien tant à cœur que l'auancement de la Religion, preste l'oreille à ses propositions, luy promet de l'assister dans son entreprise, & de ne rien espargner pour la faire reüssir, mais tandis que les Maures viuoient en paix sous leur domination, moiennant vn tribut fort leger qu'ils payoient, pour marquer leur défaite, & les victoires de Ferdinand & d'Isa-

A. Bzouius.

G. de Illescas.

Gab. du Preau Tom. 2. de l'estat de l'Eglise. F. de Remond. l. 5. de la naissance de l'heresie. P. Ribadeneira in vita S. Ignatij H. Zurita lib. 20. cap. 65. de los Anales de Aragon. A. Miraus in Chron.

belle. Ces deux illustres personnes ne se contenterent pas d'auoir ajousté à leur domaine ce Royaume qu'ils venoient de conquerir, ils voulurent aussi établir l'ordre où ces Infideles auoient jetté la confusion, & empescher que les desordres que la guerre apporte ordinairement, ne passassent jusques au Sanctuaire, & ne missent le trouble en l'Eglise. Pour cet effet ils mirent en haut lustre certaines personnes (entre autres les Peres Gaspar Iugler, & Pierre Arbues de Epila) qu'ils auoient choisis dés le commencement de la guerre de Grenade, pour prendre garde que les Iuifs ni les Mahumetans ne fissent glisser leurs damnables superstitions dans leurs Royaumes de Castille, Arragon, Leon, Seuille, Cordouë, Galice, Valence, Murcie, & dans le Comté de Catalogne. Le zele qu'ils témoignerent à chasser les Maurisques du Royaume de Grenade, fit voir à tout le monde le soin qu'ils auoient de la veritable Religion; ce qui leur acquit & à leurs successeurs, le titre de *Catholiques*, dont (selon quelques Ecriuains) le Pape Sixte IV. les honora auant qu'ils eussent conquis tout le Royaume de Grenade, pour les encourager à exterminer entierement le Mahu-

Mahumetisme des Espagnes.

II. Il y en a qui asseurent que le Pape Innocent VIII. donna à Isabelle & à Ferdinand, la qualité de *Catholiques* aprés la prise de Grenade. Mais d'autres, entre lesquels est Mariana au XII. Chapitre du Liure XXVI. de son Histoire d'Espagne, disent que ce fut Alexandre VI. Espagnol (qui auoit esté Legat du S. Siege en Espagne, pendant qu'il estoit Cardinal) qui donna ce titre au Roy Ferdinand & à ses successeurs. Cet Historien remarque que le Roy de Portugal témoigna du mécontentement de ce qu'Alexandre auoit donné le titre de *Catholique* à Ferdinand, qui auant ce temps-là estoit appellé dans les Brefs & dans les Lettres Apostoliques, *Illustre Roy de Castille*, mais depuis il fut appellé *Ferdinand Roy Catholique des Espagnes.*

III. Cette remarque de Mariana est veritable, mais il en auance vne fausse dont il est repris fort judicieusement par Henry de Sponde Euesque de Pamiés, quand il dit dans le mesme Chapitre que Louis XI. a esté le premier de nos Rois honoré du titre de *Tres-Chrestien* par le Pape Pie II. Mariana a esté suiui par plusieurs Ecriuains Espagnols, entre autres par Hierôme Zu-

H. Spondanus an. 1496. num. 5.

rita dans le IV. Tome de ses Annales de la Couronne d'Arragon. Il ne faut pas auoir leu les Historiens pour ignorer que nos Rois Clouis le Grand, Pepin le Bref, & son fils Charlemagne, ont esté appellez *Tres-Chrestiens, & Fils aisnez de l'Eglise*. Cette remarque a esté faite par vne infinité d'Escriuains illustres : il faudroit faire des volumes pour rapporter icy tout ce qu'ils en disent pour vous satisfaire; le temps me manqueroit plustost que la matiere.

Mais il vaut mieux moins écrire que d'imiter les Auteurs qui ne trauaillent que pour grossir vn volume, & les Predicateurs qui ne preschent que pour gagner leur heure. Ie diray en passant qu'Estiene Garibay par vne vanité qu'il faut pardonner à ceux de sa nation, rapporte au VI. Chapitre du Liure LX. de l'Abregé Historial d'Espagne (parlant d'Alfonse & d'Ormisinde, & des premiers Rois d'Ouiedo & de Leon) que les Rois d'Espagne ont esté plustost honorez du titre de *Catholiques*, que ceux de France de celuy de *Tres-Chrestien. Reyes de España primo tuuieron su cognomento, que los de França el suyo.* Scipion Du Pleix Conseiller & Historiographe du Roy, dans la page 391. de son premier Tome de l'Histoire de France, luy répond fort bien, que sa consequence est aussi fausse, que sa comparaison est inégale. Car outre que le titre ne fut donné à Alfonse que par ceux de sa nation, & qu'ils l'attacherent à sa seule personne, sans l'étendre à ses successeurs: il est constant que depuis luy pas vn Roy d'Espagne ne le porta, jusques à Ferdinand V. qui viuoit cxx. ans auant que Du Pleix eust donné le premier Tome de son Histoire au public, qui remarque fort judicieusement qu'aprés Pepin (qui regnoit en France en mesme temps qu'Alfonse en Espagne) nos Rois ont toûjours porté le titre de *Tres-Chrestien*, & l'ont transmis à leurs successeurs sans discontinuation, du consentement des Papes & de toutes les nations Chrestiennes. Il ajoûte que si Alfonse merita le titre de *Catholique*, ce fut pour auoir défait les ennemis de la Foy dans les Espagnes; Mais nos Rois se sont acquis ce titre de *Trés-Chrestien*, pour auoir banni l'heresie de leurs Estats, planté la Religion Chrestienne par toute l'Europe, & particulierement en Espagne, détruit l'idolatrie, affranchi les Papes de la tyrannie des Lombards, des Sarrazins & des Grecs. Ce fut ce qui poussa le Pape Estienne III. d'honorer Pepin & ses enfans de ce titre tres-auguste de *Rois Tres-Chrestiens.* Ce n'est pas qu'auparauant luy le Pape Paul I. appella la Reine Berthe *Tres-Chrestienne* auant Pepin & Alfonse. Du Pleix se sert du passage d'vne Lettre de S. Gregoire (qui fut Pape LXXV. ans aprés la mort de Clouis) écrite à Childebert Roy de Mets ou d'Austrasie, où il dit que les Rois de France surpassent autant en dignité les autres Rois de la terre, que la Roiauté est illustre par dessus la vie priuée. *Quanto ceteros homines regia dignitas antecedit, tantò ceterarum gentium regna regni Francici culmen excellere.*

IV. Aprés cette autorité de ce grand Pape, Docteur & Pere de l'Eglise, je pourrois rapporter icy plusieurs autres excellens témoignages des plus illustres Ecriuains en faueur de cette Couronne, ou contre ceux qui dans leurs libelles en ont voulu abaisser l'honneur & la gloire; mais sans hyperbole il faudroit faire des volumes, je suis neantmoins obligé de remarquer que Philippes de Comines Seigneur d'Argenton (que François Sowert dans ses Athenes Belgiques appelle le Prince des Historiens, que Iuste Lipse dans ses Notes

Messieurs de Castelnau-Mauuisiere, De Beaucaire. De Thou. De Montagne.

ſur le 1. Liure de ſes Politiques, compare au judicieux Polybe, qui a pour Panegyriſtes vne infinité de Seigneurs & d'hommes illuſtres, & que ce grand Empereur Charles V. liſoit ſouuent) ſe plaint dans le Chapitre XVII. du Liure VIII. de ſes Memoires, que le Pape Alexandre VI. vouloit oſter le titre de *Tres-Chreſtien* à nos Rois pour le donner à Ferdinand & à Iſabelle. Voici ſes termes: *Le Pape ſous l'ombre de la conqueſte de Grenade, leur vouloit attribuer le nom de Tres-Chreſtien, & l'oſter au Roy de France, & pluſieurs fois auoit écrit ainſi au deſſus de leurs Briefs, qu'il leur enuoyoit, & parce qu'aucuns Cardinaux contrediſoient à ce titre, leur donna vn autre, en les appellant* Tres-Catholiques, *& ainſi leur écrit encore, & eſt à croire que ce nom leur demeurera à Rome.* Ce qu'a remarqué depuis Hieronymo Zurita ſur la fin du Chapitre XL. du Liure II. de l'Hiſtoire du Roy Ferdinand, dans le V. Tome de ſes Annales, ou de l'Hiſtoire d'Arragon.

De Brantoſme. De Ronſard. P. Maſſonius. De Sainte-Marthe. Barclay. Voſſius. Guichardin. D. Godefroy.

V. Aprés la priſe de Grenade Iſabelle & Ferdinand ne trouuerent point de meilleur expedient pour ruiner les ſuperſtitions des Maures & des Iuifs, qu'en maintenant puiſſamment l'Inquiſition, qu'ils auoient établie dés l'année 1481. en Castille, & dés l'année 1483. en Arragon. D'autres disent qu'ils l'auoient introduite dés l'année mil quatre cens septante-sept, pour empescher le mélange des Maures auec les Chrestiens, & pour étouffer la superstition de ceux-là, si auant enracinée dans leurs Royaumes. Les tribunaux de la Hermandat qui signifie Fraternité, & de la sainte Croizade, ont beaucoup serui à maintenir celuy de l'Inquisition. Ainsi que les curieux le pourront apprendre de plusieurs auteurs, entre autres de Monsieur de Remond Conseiller du Roy en sa Cour de Parlement de Bordeaux, dans le Chapitre VI. du Liure V. de l'Histoire de la naissance de l'Heresie.

Zurita. Miraus. Baudier. Illescas. F. de Remond.

VI. En ce temps-là les Religieux de l'Ordre des Predicateurs (dits Iacobins en France) fondé par saint Dominique de Gusman, Espagnol, (natif de Calaroga dans le Diocese d'Osma, & non pas de la ville Episcopale de Colahorra, comme plusieurs ont écrit sur la rencontre, ou plustost sur l'equiuoque du nom) estoient en si grande reputation & estime en Espagne, que la Reine Isabelle, & le Roy Ferdinand leur confierent la direction de l'Inquisition, & se reposerent entierement sur eux

A Miraus in notitia orbis Christiani.

du faict de la Religion. Leur Inquisition fut fort seuere & fort rigoureuse par toutes les Prouinces où ils l'établirent. Ce furent ces Religieux qui s'opposerent en Catalogne aux Heretiques Albigeois, & qui dans l'Euesché d'Vrgel tirerent les os d'Arnaud de Castelbon, & de Ermisene de Brunicende sa fille, ayeule de Roger Bernard Comte de Foix, les firent brûler, & jetterent les cendres au vent, parce qu'ils furent soupçonnez d'auoir adheré à cette heresie: mais tout cela fut adouci sous le regne de Ferdinand & d'Isabelle; car Pierre Gonzales de Mendoça, Prelat de grand credit & autorité auprés de la Reine Isabelle, & que le Pape Sixte IV. honora du Cardinalat dés l'an 1473. obtint surseance de ces rigoureuses poursuites dés l'an 1481. Et le Pape approuua tout ce que fit ce grand Cardinal Archeuesque de Tolede, & Primat d'Espagne, dont j'ay parlé souuent auec eloge dans cette vie. Il faut demeurer d'accord que les Peres Iacobins furent les inuenteurs de cette Inquisition auant le regne d'Isabelle: mais parce que depuis la victoire obtenuë sur les Maures, ils furent plus rudes contre les Iuifs & les Mahumetans; on attribuë à Elizabet & à son mari

Fl. de Remond chap. 6. du liure 5. de la naissance de l'heresie.

le Roy Ferdinand le commencement de l'Inquiſition d'Eſpagne. Il eſt vray qu'ils l'autoriſerent puiſſamment, ayant eſté approuuée par le Pape Sixte IV. pour remedier aux maux que les Iuifs & les Mahumetans faiſoient aux fideles, quand ils les trouuoient à l'eſcart, ou pour les abominables ſacrileges qu'ils commettoient dans les lieux ſaints & ſacrez quand ils pouuoient y entrer, au grand deshonneur & ſcandale de la veritable Religion.

VII. L'Inquiſition qui s'oppoſa à l'irruption des Maures, a ſerui depuis contre les hereſies de ces derniers temps. Luther, Zuingle & Caluin ont trouué cet obſtacle en Eſpagne, qui a empeſché leurs ſectes & leurs hereſies de paſſer les Pyrenées ; car ſans cela il leur euſt eſté facile & à toutes les autres hereſies, qu'on void en Allemagne, en Boheme, en Auſtriche, en Pologne, en Eſcoſſe, en Angleterre, en Hollande, en Zelande, & en Suiſſe, d'éleuer vne autre Babel dans ces Royaumes du Midy.

VIII. La ſeule Secte des Maures a troublé ſouuent l'Eſpagne, non ſeulement ſous les regnes d'Iſabelle & de Ferdinand, & de l'Empereur Charles V. leur petit fils, (ainſi que nous lisons dens les Annalistes d'Espagne dans l'Histoire de l'Empereur Charles V. écrite par Prud. de Sandoual Euesque de Pampelune, & dans l'Histoire du Cardinal Ximenes) mais aussi sous le regne de Philippe II. surnommé le Prudent, comme l'on peut voir dans plusieurs Historiens Espagnols, & entr'autres chez Antonio Herrera Chroniqueur de ce Prince aux Chapitres IV. & XIII. de son Histoire vniuerselle, & mesme dans Monsieur le President de Thou au Liure XLVIII. de l'Histoire de son temps, où ce grand Homme en rapporte toutes les particularitez, sur les memoires manuscrits de Diego Hurtado de Mendoça, qui luy ont esté communiquez par cette Heroïne, l'honneur des Dames Romaines, Iulie Sauelli, & veuue de ce fidele seruiteur de nos Rois Iean de Viuone Marquis de Pizany, & Baron de S. Goard, qui a esté Ambassadeur à Rome & en Espagne, & Gouuerneur de feu Monseigneur le Prince. Les curieux y auront recours pour apprendre toutes les particularitez de cette guerre qui dura deux ans. Ceux qui ne sçauent pas la langue Latine, peuuent lire en François l'histoire de cette guerre dans la traduction de l'Histoire du

P. di Sandoual lib. 14. §. 18. lib. 18. §. 10. lib. 22. § 21.

Aluarus Gomesius.

M. Baudier

Ambrosio Morales.

I. A. Thuanus.

Guerra di Grenada. Hecha por el Rei de Espanna don Philippe II. nuestro Señor contra los Moriscos de aquel reino, sus rebeldos. Historia escrita en quatro libros. Por don Diego de Mendoça del conseio del Emperador don Carlos V. su Embaxador en Roma, i Venecia, su Governadori Capitan General en Toscana.

President de Thou faite par feu Monsieur du Ryer nostre ami. Et aussi en Espagnol dans le Liure que le Licentié Louïs Tribaldos, de Toledo, Chroniqueur du Roy d'Espagne, a fait imprimer à Lisbonne l'an 1627. sous ce titre de *Guerra de Grenada* diuisée en quatre Liures.

Nous auons veû de nos jours sur la fin du regne de Henry le Grand, & au commencement de celuy de Louïs le Iuste, que ces Maranes se vouloient reuolter contre le Roy d'Espagne Philippe III. fils de Philippe II. & pere de Philippe IV. aujourd'huy regnant, & ayeul de nostre Reine Marie Terese : ce qui l'obligea de les chasser tous de ses terres, parce qu'ils conseruoient toûjours dans leurs cœurs les ordures de la Secte de Mahumet, & la rebellion & la reuolte contre leurs Princes, ainsi que nous le lisons dans plusieurs Auteurs de ce temps, & entre autres dans Antoine de Vasconcellos, Iean Caramuel, & Iaques de Gusman qui a si bien écrit l'Histoire de la vie & de la mort de Marguerite d'Austriche Reine d'Espagne, où il est remarqué que Philippe III. Roy d'Espagne, & cette vertueuse Princesse sa femme rendirent graces à Dieu de cet heureux succés, par

Iaques de Gusman dans l'Histoire de Marguerite d'Austriche Reine des Espagnes.

vne Proceſſion generale qui ſe fit le 25. de Mars de l'an mil ſix cens onze, le iour de l'Incarnation du Fils de Dieu; que Decie Carafa Nonce du Pape Paul V. dit la grande Meſſe, à laquelle leurs Majeſtez Catholiques aſſiſterent, auec pluſieurs Prelats, & entre autres le Cardinal de Tolede. Que la ſeconde oraiſon fut pour l'action de graces de cette diuine faueur, qui fut le ſujet de la Predication que fit François Soſo Eueſque de Canarie, & depuis d'Oſma.

qu'il a écrite en Caſtillan. Ce liure a eſté traduit en François par René Gaultier Conſeiller d'Eſtat & Aduocat General au Grand Conſeil.

IX. Ce que nous pouuons dire en noſtre ſujet eſt, que ſans les rigueurs de l'Inquiſition établie par Iſabelle & Ferdinand, cette maudite & abominable Secte des Maures euſt cauſé encore de plus grands malheurs & au ſpirituel & au temporel dans les Eſpagnes. Mais outre l'abomination des Maures, il y auoit vn autre venin qui infectoit tous ces Royaumes, le Iudaïſme (qui eſtoit vne ſeconde peſte, & auſſi dangereuſe que le Mahumetiſme) paroiſſoit à maſque leué. Pour y remedier, Iſabelle & Ferdinand eſtant à Grenade au mois de Mars de l'an 1492. firent publier vn Edit, portant que tous les Iuifs euſſent à ſe faire Chreſtiens, ou de ſortir dans quatre mois des Eſpagnes, toutefois

G. de Illeſcas.

P. Opmerus.

Mariana.

M. Baudier. auec permiſſion de pouuoir vendre leurs biens, ou de les emporter où ils voudroient; Thomas de la Tour brûlée, Prieur des Iacobins de Segouie, & Inquiſiteur de la Foy, A. Bzouius. defendit au mois d'Auril à tous les Chreſtiens d'auoir aucun commerce auec les Iuifs ſur de griefues peines, ni de les aider de viures, ni d'autres choſes aprés les quatre mois expirez. On vid aprés ce temps vne infinité de Iuifs ſortir des Eſpagnes, ainſi que nous le liſons dans le Chapitre I. du Liure XXVI. de l'Hiſtoire de Mariana: & dans la Chronographie de Genebrard ſous Innocent VIII. dans le II. Tome des Annales Eccleſiaſtiques de Monſieur de Sponde Eueſque de Pamiés: dans le dix-huictiéme Tome des Annales de l'Egliſe qu'Abraham Bzouius, Polonois, Religieux de l'Ordre de ſaint Dominique a écrites, aprés celles du grand Cardinal Baronius aux années 1492. & 1494. & dans pluſieurs autres Ecriuains de l'Hiſtoire Eccleſiaſtique. Les curieux ont appris de ces Auteurs, & particulierement de Mariana, qu'il y eut grand nombre de ces Iuifs qui demeurerent en Eſpagne, dont la pluſpart firent profeſſion du Chriſtianiſme en apparence ſeulement, & conſeruerent en leurs cœurs le culte de leurs ſurperſtitions; les autres ſont demeurez fermes dans la veritable Religion, aprés auoir renoncé aux réueries de leur Talmud. Ceux qui ſortirent d'Eſpagne n'oſant paſſer en Prouence (à cauſe que noſtre Roy Charles VIII. qui auoit ſuccedé à ce Comté-là au Roy de Hieruſalem & de Naples Charles IV. Comte de Prouence & de Forcalquier, les auoit chaſſez) ils allerent partie en Afrique, & partie en Orient, & pluſieurs ſe retirerent en Portugal, où le Roy Iean II. du nom leur permit de demeurer quelque temps, à condition de payer huit eſcus d'or par teſte, que ce temps expiré ils ſortiroient des terres de ſon obeïſſance, ou ſeroient eſclaues, comme il aduint à pluſieurs; & ceux qui aimerent mieux ſortir furent extrémement mal traitez par les Portugais qui les conduiſoient pour les mettre dehors de leurs frontieres, ſi nous croyons à Hierôme Oſorio Eueſque de Silues en Algarbe au commencement du Liure 1. de ſon Hiſtoire de Portugal. On tient que le nombre des familles qui ſortirent d'Eſpagne fut de cent ſeptante mille, qu'on étend juſques à huit cens mille perſonnes, au grand profit des Prouinces où ils

C. de Noſtradamus dans la VI. Partie de l'Hiſt. de Prouence.

ſe refugierent, à cauſe de la quantité d'or, & d'argent, de pierreries, de veſtemens & de meubles precieux & fort riches qu'ils emporterent. Iean Naucler Aleman, Preuoſt de Tubinge, & Chancelier de cette Vniuerſité-là, (qui viuoit du temps de la Reine Iſabelle) aſſeure qu'il n'y euſt que ſix-vingts quatre mille familles qui ſortirent d'Eſpagne, & qu'on leur fit defenſe d'emporter l'or & l'argent, & les pierreries du Royaume, & qu'ils furent obligez de changer leurs biens en marchandiſes, comme draps, vin, & autres denrées, & on leur fit payer par teſte au profit du Roy pour leur embarquement deux ducats. On publia enſuite vne ſeconde Declaration, par laquelle le Prince declaroit aux Iuifs, qu'à faute d'auoir obey à ſa premiere declaration leurs biens & leurs corps eſtoient acquis au Roy, & en vertu de cette Declaration on arreſta deux galeres: d'autres diſent deux nauires qui n'auoient pas mis à la voile au iour prefix. L'on confiſqua ce qui fut trouué dedans, & les Iuifs mis à la chaiſne. I'ay appris de Genebrard que Rabi Iſaac, fils de Rabi Ioſeph Kaen, qui a commenté le *Pentateuque*, fut du nombre de ceux qui paſſerent en Afrique, & que Rabi Abra-

I. Nauclerus gen. 50.

C. Noſtradamus. Spondanus. Genebrardus lib. 4. Chronographia.

ham Auteur du *Bouquet de la myrrhe*, fut du nombre de ceux que l'on chassa bien tost de Portugal, & qui se retira dans la ville de Fés en Mauritanie.

CINQVIEME PARTIE.

I. *Isabelle assiste par sa prudence & sa liberalité Christofle Colomb pour découurir le nouueau monde.* II. *Les merueilles de cette entreprise.* III. *L'opinion de ceux qui ont creu que les anciens auoient quelque connoissance de ces terres inconnuës, est refutée.* IV. *Colomb prend possession de ces terres neuues au nom d'Isabelle & de Ferdinand.* V. *Isabelle reçoit vne grande joye de voir baptiser ces barbares Indiens.* VI. *Colomb en reconnoissance des liberalitez de cette Heroïne, appelle du nom d'Isabelle la premiere ville qu'on bastit aux Indes.* VII. *Les Courtisans d'Espagne enuieux de la gloi-*

re de Colomb. VIII. *Plusieurs Ecriuains Espagnols luy ont voulu rauir l'honneur d'auoir découuert les Indes, & le donner à Alonso Sanchez.* IX. *Les François, les Italiens, & les autres luy donnent tous cet honneur.* X. *La gloire de cette entreprise & découuerte est deuë, aprés Dieu, à la Reine Isabelle, qui a fait paroistre tout de bon sa pieté & son zele pour la conuersion de ces pauures Idolatres.*

I. MAIS pourquoy nous arrester si long-temps à vous dépeindre les rauages que les Maures & les Iuifs firent en Espagne, & le remede qu'on y apporta pour en deliurer ces Royaumes. Passons à d'autres choses, & voions comment cette Heroine a assisté Christofle Colomb Pilote Gennois (qui a rempli le nouueau monde de la reputation d'Espagne, & l'Espagne des tresors du nouueau monde) au dessein qu'il auoit de découurir des terres nouuelles & inconnuës. Ce grand homme qui auoit employé vne partie de sa vie à voyager en

Sirie & au Leuant, eſtoit natif de Cugureo, ou ſelon d'autres d'Arbizolès, ou de Nerui, petit village en la riuiere de Gennes, Prouince d'Italie, qui produit des eſprits ſubtils. Il fut preſenté l'an 1486. à la Reine Iſabelle par Ferdinand Talauera ſon Confeſſeur, (dont j'ay parlé ſouuent dans cette vie) à qui le P. Iean Peres Cordelier l'auoit adreſſé; & la ſupplia que ce fuſt ſon bon plaiſir de l'aſſiſter en vne belle & haute entrepriſe qu'il auoit conceuë: eſtant certain que s'il eſtoit aidé de ſa Majeſté en cette occaſion de quelque nombre de nauires, & des choſes neceſſaires pour ſon voyage, il découuriroit dans peu de temps en l'Occident, outre les bornes & les limites du monde connu, des terres de grande eſtenduë, des treſors infinis, & des richeſſes immenſes. Il fit & preſenta encore la meſme requeſte au Roy Ferdinand, qui ne ſongeant qu'à conquerir le Royaume de Grenade, fut moins attentif à la demande de Colomb. Mais Iſabelle cette Princeſſe genereuſe, prudente & liberale ne l'éconduiſit pas; elle luy donna de belles eſperances. Elle fit qu'il attendit auec patience ſa reſolution & ſa volonté, & ne s'adreſſa plus à d'autres Rois,

F. Lopez. Bzouius. F. Fumée. F. Gozaga. Opmerus. P. de S. Romuald.

Iuſtus Lipſius in notis Peliticis.

ni à d'autres Princes & Republiques. Car d'abord il auoit fait ses propositions à la Republique de Genes, mais en ayant esté rebuté, il se presenta à Alfonse V. & à Iean II. Rois de Portugal, à Henry VII. Roy d'Angleterre : à Henry de Gusman Duc de Medina Sidonia: à Loüis de la Cerda Duc de Medina Celi, qui tous ne le voulurent point écouter, estimant que les propositions qu'il leur faisoit n'estoient que des fables & des choses en l'air, qui ne meritoient pas qu'on s'y arrestast: si bien que voyant que tous ces Princes méprisoient comme des choses chimeriques ce dont il leur parloit, il se vient presenter à la Cour des Rois Catholiques, où Isabelle voyant que la guerre de Grenade estoit finie, elle fit aussi-tost examiner les propositions de ce Pilote Genois (marié en Portugal, & qui auoit demeuré en l'Isle de Madere, & estoit en reputation d'estre excellent Geographe & Cosmographe. Ce fut Alfonse de Quintauille Tresorier general des finances, qui parla en faueur de Colomb, & presenta sa requeste dans le Conseil Priué en presence de la Reine, & du Cardinal Gonzale de Mendoça Archeuesque de Tolede qui y presidoit. Cette genereuse & libe-

F. Lopez.
Lipsius.
C. Vvistier.
A. Magin.
A. Bzouius.
P. Mathieu.
D. P. de S. Romuald.

rale Princeſſe ayant gouſté les raiſons qu'apporta le Treſorier, elle prit la reſolution de tenter la fortune, & d'éprouuer la bonté de l'eſprit de Colomb, dont les Courtiſans ſe mocquoient. Elle emprunta de Loüis de ſaint Ange ſon Secretaire dix-ſept mille eſcus; les autres diſent ſeize mille ducats de Caſtille, parce que ſon treſor eſtoit épuiſé par les guerres qui auoient duré l'eſpace de dix ans. Et auec cette ſomme elle fit fretter trois carauelles; les autres diſent vn petit nauire & deux brigantins, dans leſquels ces nouueaux Argonautes s'embarquerent à Calis le premier de Septembre ſous la conduite de Colomb. Les autres diſent que ce fut le troiſiéme d'Aouſt de l'année mil quatre cens nonante-deux. Ce fut ainſi que ce nouueau Typhis s'embarqua, & que tirant vers les Iſles Canaries, que les anciens appelloient Fortunées, il prit terre à Gomare ou Gomere l'vne de ces Iſles-là, où il demeura quelques jours, tant pour faire prouiſion d'eau douce, que pour rafraiſchir ſes gens, & leur faire prendre haleine, afin de les diſpoſer à vn plus long voyage, & à des Rombes nouueaux & inconnus. Enfin aprés vne longue & penible nauigation Colomb

& les siens l'onziéme de Nouembre de la mesme année découurirent les terres neuues & iusques alors inconnuës aux Europeans.

II. En verité si l'on considere de prés les merueilles de cette entreprise, on admirera sans doute le conseil secret de la Prouidence, qui a voulu qu'vne chose de cette importance fust si longuement cachée aux hommes, & d'auoir fait découurir sur la fin du xv. siecle par le zele d'vne femme, & par l'estude & la patience d'vn simple Pilote, tant de grandes Prouinces, tant de florissans Royaumes, tant de puissantes Republiques, vne si grande & si vaste étenduë de mers, & tant de regions inconnuës & dont nous n'auions iamais ouy parler, où il semble que Dieu ait renfermé tout l'or, l'argent, les pierreries, les parfums, les espiceries, & toutes les choses aromatiques & precieuses: il est vray que l'on trouue dans les anciens Auteurs quelque indice de ce nouueau monde. Ceux qui ont leu le Timée de Platon sçauent que ce diuin Philosophe en parle obscurement sous le nom d'Atlas: mais Seneque dans sa Tragedie de Medée, bien que ce soit quinze cens ans auant cette découuerte, nous dit ce qui suit:

Venient annis
Secula seris ; quibus Oceanus
Vincula rerum laxet, & ingens
Pateat Tellus , Tiphisque nouos
Detegat orbes, nec sit terris
Vltima Thule.

Benoist Bauduyn le tourne ainsi :

Viendront és suiuantes années,
Des temps où la mer délira
Les choses qui sont plus serrées,
Et vn grand pays ouurira.
Où vn Typhis prendra les erres
D'vn nouueau monde le premier,
Et Thulé de toutes les terres
Ne sera plus le bord dernier.

Et d'autres.

Enfin il est tout vray qu'aprés quelques années,
En leur nombre & leur ordre, & leur cours terminées,
L'Ocean relaschant la rigueur de ses flots,
Et se rendant propice aux vœux des matelots,
Offrira liberal à nos races futures,
Auec d'heureux succés de belles auantures ;
Il leur découurira des climats ignorez, G. Caignet.
Des champs à veines d'or, & des fleuues dorez;
Quelque second Typhis aprés vn long voyage,
Dans ses Relations en rendra témoignage,

Et malgré tous les bancs & l'obstacle des eaux,
Ayant veû de ses yeux tant de pays noueaux,
S'il les veut mesurer à sa nouuelle esquierre,
Thulé ne sera plus vn des bouts de la terre.

III. Quelques-vns écriuent que Seneque, comme les autres Poëtes, a plustost dit cela par hazard qu'autrement: les autres veulent qu'il ait aduancé ces choses comme par vn certain enthousiasme, & que son esprit estant emporté de la fureur poëtique, luy fait predire ce qui n'est arriué que du temps de nos peres, & sous le regne d'Isabelle de Castille Reine d'Espagne. Les Carthaginois, qui furent de grands hommes de mer, ont eu quelque connoissance de ces regions inconnuës, car ils trouuerent autrefois vne Isle tres-fertile, mais inculte, qui estoit fort éloignée de leurs costes. Aristote dit dans son liure des miracles du monde, que les Phocenses habitans de Cadis, ayant passé le détroit de Gilbratar, le vent en pouppe, arriuerent à des terres nouuelles: Strabon recite aprés Heraclide du Pond, qu'Eudoxius estant sorti de Cadis, roda toutes les Indes & vint surgir en Ethiopie. Quelques-vns ont écrit que l'on a trouué dans des mines d'or des Indes Occidentales, l'effigie de Cesar Auguste, qui fut enuoyée au Pape comme vn rare present. Mais tous ces témoignages me semblent bien vagues & fort incertains : tout ce que nous pouuons dire icy est, que Dieu (de qui les jugemens sont cachez, & les conseils inconnus aux hommes) a voulu reseruer ce grand œuure, jusques au temps que la puissance & la tyrannie de Ottomans prenant de nouuelles forces, diminuoit extrémement l'Empire Chrestien, & que la fureur des Heretiques desoloit presque toutes les Prouinces & les Royaumes de l'Europe, & n'aspiroit qu'à la ruine de l'ancienne & veritable Religion.

IV. Colomb découurant ces terres nouuelles (ainsi que nous l'apprennent les Relations de ses voyages & de ses nauigations) il rendit graces à Dieu, & chanta le Cantique de ioye & d'allegresse. Puis il descendit en vne des Isles des Lucaons nommée Cuauabi ou Guauahani, qui sont en assez grand nombre entre la Floride & Cuba, où il planta le signe victorieux de la glorieuse & triomphante Croix, & prit possession de tous ces pays nouuellement découuerts au nom & au profit des Rois d'Espagne Isabelle & Ferdinand. Il ne fut pas

F. Lopez. Magin. Vvislier. G. de Illescas.

pour vne fois en ces nouuelles terres, il en reuint plusieurs fois chargé de tresors & de richesses inestimables au grand estonnement des Courtisans, & de tous les peuples des Royaumes de Castille, Valence, Arragon, & du Comté de Catalogne. Mais ce qui les surprit le plus est, quand ce fameux Pilote amena auec luy des Indiens à qui il fit saluër Ferdinand & Isabelle, qui pour lors tenoient leur Cour à Barcelone, & qui voulurent estre les parreins auec l'Infant ou Prince Dom Iuan leur fils vnique, de ces pauures barbares qui demanderent à estre baptisez.

V. L'on ne peut pas exprimer par des paroles, ni mettre par écrit le plaisir & le contentement que receut cette Catholique Princesse, de voir abandonner l'abominable culte des Idoles, & embrasser la Religion Chrestienne à ces Neophytes & Catechumenes : elle fit, & Ferdinand aussi, grand honneur à Christofle Colomb, en reconnoissance de toutes les peines & de tous les trauaux qu'il auoit soufferts. Elle le fit seoir en leur presence, qui est vn honneur extraordinaire, & qui ne s'accorde qu'à peu de personnes, c'est vne ancienne coustume d'Espagne, que tous les sujets du Prince demeurent toûjours debout deuant luy. Ils luy accorderent aussi la dixiéme partie des deniers Royaux qui reuiendroient des terres qu'il découuriroit, & luy donnerent le titre & l'office de Grand Admiral des Indes, & firent son frere Barthelmy Colomb Adelantado. Mais afin de rendre son entreprise immortelle, aussi bien que la grace que ses Princes luy auoient faite, il mit à l'entour de l'escu de ses armes, que le Roy Ferdinand luy auoit données, ces deux vers en langue Espagnole.

F. Lopez. M. Fumée. G. de Illescas. P. de S. Romuald.

Por Castillia, y por Leon,
Nueuo mondo hala Colon.

Qui veulent dire en François,

Pour Castille & Leon Colombe
A découuert vn nouueau monde.

D'autres écriuent :

A Castilla y à Leon
Nueuo mundo diò Colon.

qui signifient que Colomb a donné vn nouueau monde aux Royaumes de Castille & de Leon.

VI. Il mettoit Castille & non pas Arragon, à cause qu'Isabelle qui estoit Reine de Castille & de Leon de son chef, l'auoit plus fauorisé en ce découurement, que Ferdinand à qui le Royaume d'Arragon appartenoit. Ainsi pour reconnoissance des faueurs & des bienfaits qu'il auoit receus de cette Princesse, il appella du nom *d'Isabelle* la premiere ville qu'on bastit dans les Indes. Cette Princesse fut si jalouse de cette découuerte, qu'elle ne voulut jamais permettre que personne passast aux Indes Occidentales ou terres neuues s'il n'estoit Castillan ; & si quelque Arragonois vouloit y aller, il estoit obligé de luy en demander la permission, & d'en auoir le congé exprés de sa Majesté.

VII. Hieronymo Benzoni, Milanois, & d'autres excellens Ecriuains, ont remarqué que Colomb estant de retour en Espagne de la découuerte du nouueau monde, quelques Seigneurs en vn festin voulans diminuer l'honneur qui luy estoit deû, disoient qu'il luy auoit esté bien aisé de découurir les Indes, que la nauigation en estoit sans danger, l'abord facile, & qu'vn chacun d'eux eust pû aussi bien que luy, faire le découurement de ces nations & de ces terres, sans l'effort d'vn Italien ; mais Colomb qui estoit present les ayant ouy parler, se leua sans rien dire, & apportant l'œuf d'vne poule, le mit sur la table, &

leur demanda qui d'entre eux pourroit faire tenir cet œuf tout droit sur la table, alors ils se regardent tous les vns les autres, & quelques-vns s'estant efforcez en vain de le faire, & n'en aiant pû venir à bout, ils dirent que la chose estoit impossible. Colomb leur dit auec douceur qu'il n'y auoit rien de plus aisé à faire, & prenant l'œuf, & le cassant vn peu par le bout, il le fit tenir droit, dont chacun s'estant mis à rire, & disant que cette niaiserie estoit bien facile: toutefois, leur dit-il en se sousriant, d'où vient que personne de la compagnie n'a pû faire cette chose qui est si aisée, auparauant que je l'eusse monstré: il en est de mesme, Messieurs, de la décou-uerte du nouueau monde, personne ne se l'est imaginé deuant moy: mais aujourd'huy que je l'ay fait, chacun ne trouue rien de plus facile.

VIII. Les Courtisans de Castille & d'Arragon, qui viuoient sous le regne de l'incomparable Isabelle, ne sont pas les seuls qui ont enuié cette gloire à ce Pilote Genois. Plusieurs Ecriuains Espagnols luy ont voulu rauir cet honneur d'auoir le premier découuert vn nouueau monde, & l'ont attribué à vn Pilote de leur nation, mais ils ne s'accordent pas de quelle contrée il estoit, les vns disent qu'il estoit Castillan, les autres Biscain, les autres Andalus, & quelques-vns Portugais, ainsi qu'on le peut remarquer dans le XIII. Chapitre du Liure I. de l'Histoire generale des Indes de François Lopez de Gomara, que Martin Fumée sieur de Genilé a mise en François: & dans le Chapitre III. du Liure XXVI. de Iean de Mariana en son Histoire d'Espagne, & dans le Chapitre X. du Liure XVIII. de l'Histoire des Indes du P. Ioseph Acosta. Mais particulierement dans le Chapitre III. du Liure I. du Commentaire Royal, ou de l'Histoire des Yncas écrite par l'Ynca Garcilasso de la Vega en langue Peruuiene, & qui a esté imprimé en Espagnol à Lisbonne l'an MDCVIII. & dedié à Catherine de Portugal Duchesse de Bragance, & depuis traduit en François par Iean Baudouin l'an mil six cens trente-trois.

Cet Auteur & d'autres encore rapportent qu'en l'an 1484. Alonso Sanchez de Huelua, fameux Pilote (ainsi surnommé, pource qu'il estoit natif de Huelua qui est au Comté de Niebla) trafiquoit ordinairement sur la mer auec vn petit nauire, dans leſquel il portoit d'Eſpagne des marchandiſes aux Canaries, où il les vendoit fort bien ; & prenoit en contre-échange des marchandiſes du pays, ſçauoir des fruits qu'il alloit vendre en l'Iſle de Madere, qu'il trocquoit contre des conſerues & des ſucres qu'il apportoit en Eſpagne. Mais vn jour comme il traiettoit des Canaries à Madere, il fut ſurpris d'vne ſi grande tempeſte, que n'y pouuant reſiſter il fut contraint de caler les voiles, & d'abandonner ſon nauire à la violence de la tourmente. Elle fut ſi impetueuſe & ſi longue, qu'elle le ballota vingt-neuf jours ſans qu'il ſceût où il eſtoit, ni quelle route il deuoit tenir, pource qu'en tout ce temps-là il luy fut impoſſible de prendre les éleuations du Soleil, ni les connoiſtre par le Nord. Cependant il eſt preſque incroyable, & on auroit peine de témoigner les perils qu'il courut, & les maux qu'il ſouffrit par vne tempeſte ſi eſtrange, qu'elle l'empeſchoit meſme & tous ſes compagnons de boire & de dormir. Mais enfin le vent s'eſtant abbaiſſé, & la mer eſtant deuenuë calme, ils ſe trouuerent auprés d'vne Iſle, de laquelle ils n'auoient nulle connoiſſance ; neantmoins l'apparence a fait croire depuis que c'eſtoit celle qu'on nomme aujourd'huy Isle de S. Dominique. Certes il est surprenant, & on a peine à conjecturer comment cela s'est pû faire, parce que cette Isle estant au Ponent des Canaries, il faloit de necessité que le vent qui emporta ce nauire fust le Solan, ou l'Est, qui en cette nauigation calme plustost la tourmente qu'il ne l'irrite. Mais sans en rechercher les causes plus auant, je croy que ce fut vn particulier effet de la puissance de Dieu, qui par sa misericorde infinie tire souuent des contraires les choses les plus mysterieuses & les plus necessaires; ainsi autrefois il tira d'vn rocher des sources d'eau viue, & de la bouë des lumieres miraculeuses pour faire voir vn aueugle. Toutes ces choses, comme j'ay dit, sont des effets de sa Clemence & de sa Bonté, dont il luy plût vser encore, quand il voulut enuoyer son Euangile, & la lumiere de la Foy à tous les peuples du nouueau monde, qui viuoient, ou pour mieux dire, qui mouroient miserablement dans les tenebres de la Gentilité, & d'vne idolatrie barbare & brutale.

Le Pilote ayant mis pied à terre prit les éleuations, & ne manqua pas de faire de bons memoires de toutes les auantures qu'il auoit courues sur cette mer, ensemble des choses qu'il auoit veuës. Mais au bout de quelques mois il falut retourner & reporter en son pays des nouuelles de toutes ces merueilles, & de la découuerte de cette contrée. Il radouba donc son vaisseau, le fournit d'eau & de viures necessaires pour son retour, & s'abandonnant à la mesme Prouidence qui l'auoit conduit en ces lieux, sans sçauoir la route qu'il deuoit tenir, il se mit à la voile; mais comme il auoit souffert durant tout ce voyage des incommoditez qui ne sont pas conceuables, la pluspart de ceux qui estoient en son vaisseau tomberent malades, & moururent de miseres. Car de dix-sept qu'ils estoient sortis d'Espagne, il n'en arriua que cinq en la Tercere, entre lesquels estoit le Pilote Alonso Sanches de Huelua. A leur abord en cette Isle ayant appris que Christofle Colomb estoit vn grand homme de mer, ils le furent trouuer & le prierent de les vouloir loger chez luy. Cet excellent homme les receut auec de grandes demonstrations d'amitié, & leur fit tout le bon accueil qui luy fut possible, afin de s'instruire d'eux touchant les choses qu'ils disoient leur estre arriuées en vn si long & si estrange voyage. Mais tout le bon traittement qu'il leur fit fut inutile, ils affoiblissoient tous les jours, & les maux estant plus puissans que les remedes qu'on leur donnoit, ils furent contraints de ceder à leur derniere violence, & ils moururent tous en sa maison. Colomb n'herita rien de ces pauures miserables, que du desir de continuer ou plûtost de succeder à leurs trauaux, & il les entreprit auec tant de resolution & de courage, sans considerer l'extremité où ces miserables auoient esté reduits. Il resolut dés-lors de donner à l'Espagne ses prodigieuses richesses du nouueau monde. En effet il en vint à bout heureusement, & il le témoigna par ces mots qu'il prit pour deuise de ses armes *A Castilla, & cæt.* Si vous desirez apprendre plus au long les heroïques actions de ce Heros, vous n'auez qu'à lire l'Histoire generale des Indes, écrite par François Lopez de Gomara, qui toutefois n'en a fait que l'abregé. Il est vray qu'vn homme de si haute reputation s'est plus acquis de gloire en cette découuerte du nouueau monde, qu'on ne luy en sçauroit donner par vne longue Histoire. Toutefois adioustons vne chose, pour suppléer au defaut de la relation de cet Historien. Disons pour

pour excuser sa briefueté, qu'estant éloigné des lieux où ces choses se sont passées, il fut contraint de se conformer aux memoires qu'il en eut des nauigations, & qu'ainsi plusieurs choses luy sont échappées, & la pluspart de celles qu'il écrit mutilées & imparfaites, parce qu'on ne les luy a racontées qu'à demi. Ie pourrois peut estre en parler aussi sçauamment & aussi pertinemment que luy, pour auoir ouy raconter ces choses comme je n'estois encore qu'vn enfant; car il me souuient que le plus souuent mon pere conuersant auec ses amis, ils s'entretenoient des plus valeureuses & des plus remarquables actions auenuës durant ces conquestes; & si ma memoire ne me trompe pas, je vous feray vn exact recit de tout ce que je leur ay ouy dire. Ie ne sçay comment ils auoient appris ce qu'ils disoient, mais il est à croire qu'ils en auoient vne pleine & entiere connoissance, qui ne leur pouuoit venir que de ceux qui les premiers auoient découuert & conquis le nouueau monde. Mais comme alors je n'estois qu'vn enfant, j'auouë que je les écoutois souuent auec peu d'attention, & sans doute si je me fusse rendu plus soigneux que je n'ay esté de les retenir, je pourrois écrire aujourd'huy beaucoup d'autres choses merueilleuses, & qu'il seroit necessaire de rapporter en cet ouurage. Ie ne laisseray pas neantmoins de parler icy de celles dont ie me pourray souuenir, auec vn extréme regret des autres dont j'ay perdu la memoire. Le R. P. Ioseph Acosta fait aussi mention de la découuerte du nouueau monde, auec vn grand déplaisir de n'en pouuoir décrire l'Histoire entiere, ni des autres conquestes plus nouuelles, pour n'en auoir eu que des memoires imparfaits : car à son arriuée en ces contrées, il trouua que les anciens Conquerans estoient morts ; c'est ce qu'il nous veut donner à entendre par ces paroles expresses du dixiéme Chapitre de son Liure dixhuictiéme.

Aprés auoir monstré cy-deuant qu'il n'y a pas d'apparence que ceux qui ont les premiers habité les Indes se soient embarquez expressément, auec dessein de s'y en aller, il s'ensuit à mon auis, que s'ils y ont esté par mer, ç'a esté fortuitement, & par la violence de la tempeste qui les y a jettez. Ce qui n'est pas incroyable, quelque grande que soit l'étenduë de l'Ocean ; car nous sçauons assez que le mesme arriua en la découuerte qui se fit de nostre temps, lors qu'vn marinier dont nous ignorons le nom, afin de n'attribuer qu'à Dieu seul vne affaire de si haute consequence, ayant reconnu le nouueau monde par vn effet extraordinaire d'vne importune tourmente, laissa à Christofle Colomb la connoissance d'vne si grande chose, pour recompense du traittement qu'il auoit receu au logis d'vn si bon hoste. Pour cette mesme raison il se peut faire qu'il y ait des peuples, &c. Ce sont les paroles du P. Acosta, qui monstrent assez qu'estant au Peru, il y trouua si non toute cette relation, du moins la plus essentielle partie de la nostre. Voila quelle fut l'origine, & quel le principe de la découuerte du nouueau monde, & de sa grande étenduë, dont se peut vanter à bon droit le petit bourg de Huelua, pour auoir donné la naissance à Alonso Sanchez. Car ce fut sur la relation de ce Pilote, & sur l'asseurance qu'en eut de luy Christofle Colomb, qu'il sollicita si opiniastrement tant de Princes, leur promettant la découuerte des contrées que pas vn viuant n'auoit veuës, & dont jamais on n'auoit ouy parler. Il conserua longtemps en son cœur ce secret, & par vn trait de prudence il ne le découurit à personne, jusques à ce qu'ayant bien examiné toutres chosés il s'ouurit à quelques personnes de qualité, qui luy promirent dequoy venir à bout de son entreprise, car ils l'introduisirent auprés des Rois Catholiques, dont ils auoient l'oreille. Mais si par hazard Alonso Sanchez de Huelua ne luy eust donné la connoissance de si grandes choses, il n'eust pas sans doute par vne simple imagination de Cosmographie, osé entreprendre de si hautes merueilles, ni terminer si promptement cette découuerte du nouueau monde. Car s'il en faut croire à cet Auteur, Colomb ne mit que soixante-huit jours pour aller en l'Isle de Guanatianico, encore sejourna-t-il quelque temps à la Gomere pour s'y fournir de rafraischissemens. Concluons donc que le miracle auroit esté estrange d'auoir esté si loin en si peu de temps, si par le rapport d'Alonso Sanchez il n'eust appris quels rombes il deuoit prendre en vne mer de si large estenduë.

IX. Voilà l'eloge que fait cet Auteur du grand Colomb, à qui il dérobe adroitement la gloire d'auoir le premier découuert le nouueau monde, que quelques Espagnols appellent improprement l'Inde Occidentale, qui est vne region de l'Asie. Mais nos

Historiens François, & tous les Etrangers qui ne sont pas interessez, luy donnent tous cet honneur, mais particulierement les Italiens (excepté le P. François de Gonzague) qui disent que les Espagnols jaloux de sa reputation ont inuenté cette histoire, & que veritablement il a esté le premier auteur de cette nauigation, & de cette découuerte (qui a estonné tout le monde) non par hazard, ainsi qu'ils le veulent persuader, mais par raison, & par la lecture continuelle des Auteurs anciens & nouueaux, & par la science de l'Astrologie, & par la pratique qu'il auoit de plusieurs Ports & Isles des mers Oceane & Mediterranée. Quelques-vns tiennent que son Maistre fut vn François, & les autres que ce fut vn Anglois, & tout le monde en parle suiuant que son interest le pousse, ou la gloire de sa nation. Mariana dit que son Maistre fut vn Medecin de Florence nommé Marc Pol. Monsieur le President de Thou parlant dans le premier Liure de l'Histoire de son temps, de ce Christofle Colomb qui a découuert l'an 1492. aux Espagnols vn nouueau monde en la mer Atlantique, dit auec verité en faueur de nostre nation: *Qu'il est raisonnable que les François pren-*

I. A. Thuanus.

nent part à cette gloire, car il est certain, & les Espagnols mesme ne le nient pas, que soixante & huit ans auant la nauigation de Colomb, Betencourt Gentilhomme de nostre Gaule Belgique, (les vns le font Picard, & les autres Norman auec plus d'apparence) *s'estant saisi des Isles qui sont appellées Canaries, parce qu'il s'y trouue en abondance des oiseaux qui portent ce nom, les auoit vendües aux Espagnols, & qu'à son retour il auoit fait connoistre la terre ferme qui est à leur opposite du costé du couchant.* Ces particularitez ne se lisent pas seulement dans l'Histoire de Iaques Auguste de Thou; mais aussi dans l'Histoire d'Espagne écrite par Loüis de Mayerne; ou au troisiéme Tome du Tresor Chronologique & Historique de Dom Pierre Guillebaud, dit de saint Romuald de l'Ordre des Feüillans: au Traité des nauigations de Monsieur Bergeron: & en la vie de Iean de Bethancourt Roy des Canaries écrite par Pierre Boutier Moine de S. Iouin de Marnes, ou selon les autres, Religieux de l'Ordre de S. François, & Iean le Verrier Prestre, domestiques de cet Argonaute François & Conquerant des Isles Fortunées, qui fut le premier qui d'vn courage pieux & genereux tenta le grand

Ocean, non pour y chercher des tresors comme la pluspart des autres, mais pour planter la Foy du Sauueur du monde dans ces Isles-là, que l'onn'auoit jusques alors attaquées que pour butiner. Ce qui luy reüssit si heureusement qu'aujourd'huy encore toutes ces contrées luy sont obligées de leur bonne police, de leur ciuilité, & de ce qu'ils sont toutes dans la veritable Religion, & tous les Pilotes de leur auoir frayé & ouuert le chemin à tant de nouuelles découuertes & d'illustres voyages qui estonneront la posterité.

Mais il n'est pas juste que la gloire de mon pays m'emporte plus auant, retournons à Christofle Colomb, & disons que soit qu'il ait appris cette nauigation d'vn autre Pilote, comme disent les Espagnols, ou que l'honneur luy en soit deû tout entier pour auoir si heureusement executé de si hautes entreprises, & s'estre si opiniastrement attaché à la poursuite de ce qui luy estoit necessaire pour son voyage auprés de plusieurs Princes; car nous auons fait voir que sa patience dura six ans, & que ni les mauuais traittemens qu'il receut de la plus-part des Courtisans, ni toutes les langueurs qu'y purent apporter les Ministres qui n'agreoient pas ses propositions, ne luy purent faire abandonner son dessein. Il faut aussi auouër qu'Isabelle Reine de Castille, & d'Espagne, ne contribua pas peu à toutes les entreprises de Colomb, puisque tout le monde sçait que luy ayant donné de bonnes esperances, elle l'assista enfin de tout ce qui luy estoit necessaire pour vn si dangereux voyage, & si peu connu de nos Pilotes. C'est ainsi qu'en parlent non seulement les Historiens Espagnols; mais aussi ceux de toutes les autres natiõs. En effet sans la charité & la liberalité de cette Princesse ces terres auroiẽt esté inconnuës, Colomb n'ayant pas le moyen de pouuoir faire la dépense necessaire pour ce voyage que l'on croyoit impossible: car tous ceux à qui il auoit communiqué son dessein s'en estoient moquez: & on l'auoit méprisé & son frere Barthelemy, dans les Cours d'Angleterre & de Portugal; & les plus Grands d'Espagne auoient traitté ces propositions de chimeres, comme j'ay rapporté cy-dessus. Iuste Lipse dans le 1. Liure de ses Politiques, remarque fort judicieusement que Ferdinand V. Roy d'Espagne se mocqua de Colomb & le joüa, pour auoir à la fin abandonné son dessein. Mais ce Pilote par bonheur poussé d'vn bon genie, ſe preſenta à la Reine Iſabelle, & obtint de ſa Majeſté tout ce qui luy eſtoit neceſſaire pour ſon voyage; car cette liberale Heroïne luy donna des nauires, des hommes & des armes. C'eſt pourquoy ſelon le jugement de ce grand homme, l'vn des plus polis Ecriuains de ce ſiecle, toute la gloire de la découuerte du nouueau monde eſt deuë à Iſabelle de Caſtille Reine d'Eſpagne. Voicy les paroles Latines de Lipſe: *Ipſe nouus orbis, naturæ occultior pars, per eam detectus & ſubiectus. Nam maritus, cetera egregius vir, reſtrictior aut timidior erat, retinere ſua melior, quàm augere. Hæc dilatabat, & cùm* Chriſtophorum Columbum *diu Rex duxiſſet, & ad extremum deſtituiſſet: bono genio ſtimulante ad ipſam Reginam venit, conatus ſuos & perficiendi vias expoſuit, & inſtrumenta, id eſt naues, viros, arma ab hac impetrauit.*

Mais ce qui rend la Reine Iſabelle digne d'vne plus grande loüange, c'eſt qu'elle ne prit pas ſeulement ſoin d'établir ſon autorité & ſa puiſſance dans les terres que Colomb découurit; elle témoigna auſſi vn veritable zele d'y accroiſtre l'honneur de la connoiſſance du vray Dieu, & d'y auancer le Royaume de IESVS-CHRIST, puiſqu'elle reduisit ces nations & ces peuples sous l'obeïssance de l'Eglise Catholique, Apostolique & Romaine. Pour cet effet elle enuoya en ces contrées plusieurs Religieux de l'Ordre de S. François (& entre les autres le Pere Iean Perez Castillan) qui amenerent ces peuples barbares à la connoissance du Sauueur & du Messie, par leurs trauaux & leurs saintes predications, ainsi que je l'ay fait voir dans l'Eloge, ou la Vie abregée du Venerable Pere Martin de Valence, l'Apostre des Mexicains, & Patron des villes de Thalmanalco, de Mexique ou Themistitan capitale de ce pays-là, qui est dans le 1. Liure de nostre Histoire Catholique du seiziéme siecle. Il y eut aussi des Peres de l'Ordre de S. Benoist qui annoncerent en ce mesme temps le saint Euangile dans ces nouuelles Prouinces, dont le plus remarquable fut le P. Bernard Buil de la Prouince de Catalogne, qui a esté le premier Lieutenant & Vicaire en ces quartiers-là du Vicaire de IESVS-CHRIST en terre le Pape Alexandre VI. à qui sa Sainteté enuoya douze Prestres au second voyage que fit l'Admiral Colomb, & qui furent secondez par les aumosnes tres-considerables que leur fit la Reine Isabelle.

SIXIE'ME PARTIE.

I. *Le bon ordre que la Reine Isabelle a mis dans sa maison; bannit adroitement l'impureté de sa Cour, & honore les Ecclesiastiques & les sçauans.* II. *Fait paroistre son bon jugement au choix qu'elle fit de François Ximenes, qui depuis a esté Cardinal, & Grand Ministre d'Estat en Espagne.* III. *Le defend non seulement contre le General des Cordeliers, mais aussi contre le Roy Ferdinand.* IV. *L'auersion qu'elle auoit des Magiciens; & sa constance durant qu'elle estoit en trauail d'enfant.* V. *Sa charité & sa liberalité pour les Monasteres & les Hospitaux.* VI. *Reçoit deux Familles ou Ordres de Religion dans ses Royaumes; & l'estime que cette Reine a fait de Beatrix de Sylua Fondatrice de l'Ordre de la Conception.*

I. EN verité si vous considerez de prés les actions de cette Princesse, vous admirerez qu'elle ne se rendit pas seulement considerable par les victoires qu'elle obtint sur Alfonse V. Roy de Portugal, ni par les conquestes des Canaries, ni par l'expulsion des Iuifs & des Maures de ses Royaumes aprés la prise de Grenade, ni par la découuerte du nouueau monde; (qui luy donna vne grande reputation & à Ferdinand son mary, & où six ans aprés le premier voyage de Colomb, ils enuoyerent Americ Vespuce, Florentin, qui découurit la terre qui est au delà de la ligne Equinoctiale, qu'il appella de son nom Amerique) mais aussi par le bon ordre qu'elle mit dans sa maison; ainsi que je l'ay appris de plusieurs Auteurs & illustres Ecriuains, & entre autres de Iaques de Gusman, Patriarche des Indes, & Grand Aumosnier de Marguerite d'Austriche Reine d'Espagne, qui remarque dans le XII. Chapitre de la seconde Partie de la vie de cette Marguerite des Marguerites de nostre temps, qu'Isabelle de Castille Reine d'Espagne ne perdoit jamais de veuë les Princeſſes ou les Infantes ſes filles, & que quand les affaires & le gouuernement de ſon Eſtat, & les guerres continuelles (où elle aſſiſtoit comme vne autre Bellone ou Pallas Chreſtienne) le luy permettoient, elle filoit du lin & de la ſoye auec elles, & auec ſes Dames & Demoiſelles: leur donnoit par ſes actions, ſes paroles & ſes habits des exemples merueilleux, & à tous ſes domeſtiques, de continence & de pureté. Elle entretenoit en ſon Palais grand nombre de Menins & de Menines, (ce ſont jeunes Seigneurs & jeunes Demoiſelles de haute naiſſance) & les faiſoit inſtruire aux exercices d'vne deuotion ſolide, & d'vne vraye pieté. Elle faiſoit auſſi ſubſiſter pluſieurs Dames de qualité qui eſtoient en reputation d'eſtre femmes d'honneur, de vertu & de probité, & elle euſt bien deſiré que Ferdinand ſon mary (dont elle eſtoit extrémement jalouſe) euſt eu ces meſmes inclinations. La pluſpart des Hiſtoriens remarquent, que quand Iſabelle reconnoiſſoit que ce Prince (qui eſtoit d'vne complexion amoureuſe) pourſuiuoit trop opiniaſtrement quelqu'vne de ſes Dames ou Demoiſelles, elle mettoit tous ſes ſoins à en détourner & en rompre toutes les occaſions qu'il auroit pû rencontrer pour executer ses amours illicites; ainsi elle bannissoit adroitement l'impureté de sa Cour, & mettoit souuent à couuert par sa presence l'honneur & la reputation de mille innocentes malheureuses; car ou elle les marioit richement, ou elle les éloignoit sans bruit de la Cour, ou elle leur faisoit en secret des remonstrances charitables, & disoit souuent qu'elle aimoit mieux que les femmes de la Cour fussent vertueuses que belles. Tous les Historiens qui parlent d'elle la louënt pour auoir honoré les Prelats & les Religieux qu'elle connoissoit de bonne vie, & pour auoir auancé aux dignitez les personnes d'erudition & de doctrine: Elle témoigna vne estime toute particuliere pour les gens de Lettres; elle leur permettoit l'entrée de son Palais, & prenoit vn singulier plaisir en leur conuersation. Mais il ne faut pas s'en étonner, elle auoit vn esprit admirable, & vne facilité d'apprendre si extraordinaire, qu'en vn an elle apprit la langue Latine, en sorte qu'elle entendoit tout ce qu'elle lisoit, ou tout ce qu'on luy disoit en cette langue; ce que n'auoit pas le Roy son mary, bien que les Historiens Espagnols qui parlent de luy, disent qu'il se plaisoit fort à entendre la lecture de l'Hi-

Mayerne.

Mariana.

ſtoire, & particulierement de celle qui contient les faicts merueilleux de ſes anceſtres.

II. Iſabelle fit paroiſtre ſon bon jugement au choix qu'elle fit de François Ximenes, excellent homme d'Eſtat, pour l'oppoſer aux Grands d'Eſpagne, qui pour lors n'eſtoient pas ſi obeïſſans qu'ils ſont aujourd'huy. Il eſtoit Religieux Cordelier & ſon Confeſſeur; mais par l'auis du Cardinal de Mendoça elle le fit depuis Archeueſque de Tolede aprés luy, afin de luy donner plus d'autorité. Elle ne ſe trompa pas, car il reüſſit ſi dignement dans tous ſes emplois, & il s'acquit vn tel credit dans toutes les Eſpagnes, qu'il fut l'arbitre abſolu de toutes les affaires de ces Royaumes, non ſeulement pendant la vie d'Iſabelle; mais depuis ſa mort ſous les regnes de Ferdinand, de Philippe I. & de Ieanne, juſques à l'arriuée de Charles d'Auſtriche. Il témoigna ſa prudence à ſe démeſler de tous les embarras que les Grands de la Cour luy faiſoient naiſtre, & il manioit le Prince & le peuple auec tant de dexterité & de ſoumiſſion, qu'il les eut touſiours de ſon coſté pour confondre ſes enuieux. Vn jour le General des Cordeliers (dont je dois icy

Monſieur de Refuge en ſon Traité François de la Cour.

Aluarus Gomeſius.

pour sa gloire supprimer le nom) estant venu trouuer nostre Isabelle pour luy faire des plaintes contre ce grand homme, (qui depuis a esté Cardinal & Inquisiteur de la Foy) l'accusa d'ignorance, d'orgueil & d'hypocrisie, & pour la blasmer elle mesme de ce qu'elle luy confioit le gouuernement de son Estat, & de l'auoir mis dans la premiere Prelature de son Royaume. Isabelle qui ne doutoit point du merite ni de la probité de Ximenes, & qui connoissoit la passion emportée de ce General, luy répondit brusquement : Estes-vous bien sage, & sçauez-vous bien à qui vous parlez : Ouy (Madame) luy dit-il, je suis assez sage pour cela, & je parle auec la Reine Isabelle, qui est vn peu de poudre comme moy. Aprés quoy il se retira de la presence de sa Majesté, plus semblable à vn furieux qu'à vn homme raisonnable, comme rapportent quelques Auteurs qui ont écrit l'Histoire de ce grand Cardinal.

L. Donius Atichius Episcopus Æduensis in elogio Card. Ximenij pag. 15. Tom. III.

M. Baudier

III. La Reine Isabelle ne defendit pas seulement Ximenes contre le General des Cordeliers, mais aussi contre le Roy Ferdinand son mary : car les Maures des montagnes de Grenade s'estant reuoltez l'an 1500. ainsi que le raconte le P. Mariana dans

dans le Chapitre v. du Liure XXVII. de de son Histoire d'Espagne. Cet Archeuesque de Tolede, & celuy de Grenade, tous deux Religieux & zelez à l'auancement du Christianisme, & qui trauailloient puissamment à retirer les Grenadins du Mahumetisme, & à les faire baptiser, se trouuerent de hazard tous deux en mesme temps à Grenade, ils firent ce qu'ils peurent pour y remedier; mais comme il est naturel aux hommes de soûpirer aprés leur liberté, & aux superstitieux de retourner à leurs superstitions, les Maures prirent les armes pour se faire chemin à tous les deux par le fer & par la force. Mariana & tous les autres Historiens d'Espagne disent, que l'Archeuesque de Tolede François Ximenes se trouuant alors à Grenade, dépécha à la Cour qui estoit à Seuille pour en donner auis aux Rois: pour cet effet vn Gentilhomme de qualité de la mesme ville luy offrit vn Ethiopien qui estoit si leger & si viste du pied, qu'il faisoit cinquante lieuës en vn jour, afin de porter ces lettres en diligence auec plus de seureté. Le mesme Mariana parlant de cette affaire dit, que Ximenes fit le choix de cet Ethiopien, & qu'il luy donna son pacquet à cause qu'il faisoit fort facilement vingt lieuës par jour. Mais luy & tous les autres Historiens remarquent, que ce brutal (suiuant la pante ordinaire de sa nation) au lieu de faire diligence, à la seconde hostelerie qu'il trouua en chemin, il se chargea tellement de vin & de viande, qu'il s'endormit jusques au lendemain, & au lieu d'estre à Seuille en deux jours, il n'y arriua qu'en cinq. Cependant Ferdinand & Isabelle apprennent la reuolte des Maures Grenadins; car les enuieux de l'Archeuesque de Tolede (pour ne pas dire ses ennemis) leur auoient enuoyé bien de meilleurs couriers que l'Ethiopien, qui firent entendre à Ferdinand que le zele indiscret de Ximenes leur faisoit perdre le Royaume de Grenade, & qu'il ne receuoit pas mesme de ses nouuelles. Ce Prince qui auoit destiné l'Archeuesque de Sarragosse, Alfonse d'Arragon son fils naturel, pour commander à Grenade, emporté de chagrin & de colere, alla trouuer la Reine Isabelle dans sa chambre, & luy dit : Enfin, Madame, voilà les conquestes de nos ancestres, & les nostres que nous auons faites auec l'effusion du sang de toute la Noblesse d'Espagne, renuersées en vn moment, par la folie de cet excellent & de ce grand Prelat vostre Ximenes, que vous auez introduit dans les affaires. Isabelle souffrit ce discours auec patience, & ne luy répondit point. Mais ayant receu les lettres que portoit l'Ethiopien, & depuis celles qu'apporta le P. François Rouys Cordelier, & appris le bon ordre que l'Archeuesque de Tolede auoit mis dans Grenade, elle obligea Ferdinand de le remercier par ses lettres du seruice signalé qu'il leur auoit rendu durant cette reuolte.

IV. Vne des choses qui rendit cette Princesse recommendable, fut qu'elle eut vne auersion extréme, digne d'vne Princesse Chrestienne, des charmes & des sorcelleries, & elle bannit de sa Cour tous ceux qui estoient soupçonnez de magie, & tous ceux qui abusans du nom honorable de Mathematiciens & d'Astrologues se méloient de dresser des horoscopes, & de prononcer des arrests à la naissance des Princes, sur les bons & les mauuais éuenemens qui leur doiuent arriuer. Ce qui choque entierement les saintes maximes de l'Eglise, & détruit la Diuinité, & pour cela ces personnes consultent souuent les demons sur des secrets qui sont entierement reseruez à Dieu. Nous lisons dans quelques Hiſtoriens, que cette genereuſe Princeſſe eſtant en mal d'enfant, ſe faiſoit couurir le viſage, de peur que parmi les tranchées de l'enfantement on ne luy viſt faire quelques grimaces indignes de la force de ſon ame. Ils diſent que durant ſes plus preſſantes douleurs on ne l'oyoit jamais jetter la moindre plainte, & que parmi les plus mortelles atteintes que ſouffrent les femmes en cette occaſion, elle témoigna toûjours vn courage vrayement Royal, & digne d'vne femme forte. Deux grandes Princeſſes l'ont imitée en cette generoſité, ſçauoir Iſabelle de Portugal, femme de l'Empereur Charles V. laquelle eſtant en mal d'enfant de Philippe II. Roy d'Eſpagne, (dit le Prudent) fit oſter la lumiere, de peur que ſi la force de la douleur luy faiſoit changer de contenance, elle ne fuſt apperceuë & remarquée endurant les tranchées, comme ſi elle n'euſt rien ſenti. La Sage Femme luy dit, voſtre Majeſté deuroit ſe plaindre, & jetter quelque cry, cela vous aideroit à accoucher : l'Imperatrice luy répondit en Portugais: *Ie ne feray jamais de grimace, je puis bien mourir & non pas crier.* L'autre eſt Ieanne d'Albret Reine de Nauarre, qui voyant entrer dans ſa

Matthieu

Guſman dans la vie de Marguerite d'Auſtriche Reine d'Eſpagne.

A. Fauin dans ſon Hiſt. de Nauarre.

chambre Henry II. Roy de Nauarre ſon pere, quand les douleurs d'enfanter la priſent, elle fut ſi courageuſe que de chanter en muſique ces paroles en Bearnois: *Noſtre Dame deou cap deou pon adiouda mi en a queſte houre : Noſtre Dame du bout du pont, aydez moy à cette heure ;* & à l'inſtant elle accoucha fort heureuſement de Henry le Grand l'honneur des vaillans Rois, & la gloire des bons Princes.

Le courage & la generoſité ne firent pas ſeulement paroiſtre Iſabelle de Caſtille Reine d'Eſpagne parmi la ſouffrance de ſes maux ; elle ſe rendit auſſi illuſtre par les charitez, ou pluſtoſt par les liberalitez qu'elle exerça à l'endroit des pauures & des Religieux. Car Pierre Paul de Ribera natif de Valence, & Chanoine de ſaint Iean de Latran, remarque dans l'eloge de cette grande Reine (que l'on void dans ſon Liure de la gloire immortelle des Dames Illuſtres) qu'elle a fondé XIX. Conuents ou Monaſteres, pluſieurs Hoſpitaux, & la Chapelle Royale de l'Egliſe Cathedrale de Grenade.

Le glorie immortali de Triomfi & Heroiche impreſſe d'ottocento quaranta-cinque Donne illuſtri antiche, e moderne, dotate di conditioni e ſcience ſegnalate : Cioé in ſacra ſcritura, Theologia, Filoſofia, Retorica, Grammatica, Aſtrologia, Lege ciuili, Pittura, Muſica, armi, & in altre virtù principali.

F. Ioseph de Signença Religieux de l'Ordre de S. Hierôme dans le Chapitre XXI. du Liure IV. de la II. Partie de l'Histoire de son Ordre, dit que cette Reine tres-excellente, qui auoit le don de connoistre les Saints, mit pour premier Superieur du nouueau Monastere de Grenade, Fr. Pierre de saint Dominique grand seruiteur de Dieu, & reuestu d'vn saint zele comme le Prophete Elie.

Le R.P. François de Gonzague Euesque de Mantouë, a remarqué fidelement dans les troisiéme & quatriéme Parties de l'Histoire Seraphique, les Conuents de l'Ordre de saint François d'Assize, que cette pieuse Princesse a donnez aux R R. Peres Cordeliers dans les Espagnes, & dans les Indes Occidentales.

Gonzalo de Illescas Abbé de S. Frond, la louë dans le Chapitre XIX. du Liure VI. qui se void dans la II. Partie de son Histoire Pontificale, pour auoir donné de bons reuenus aux Professeurs qui enseignent les sciences & les belles Lettres dans les Vniuersitez de Valladolid, & de Salamanque. Pour auoir fait bastir & fondé à Tolede la belle Eglise de S. Iean des Rois (qui est vn Monastere de Religieux de l'Ordre de S. François) L'on void dans cette Eglise vne infinité de chaisnes des captifs qu'elle auoit deliurez des mains des Barbares & des Infideles.

A Auila la belle & la deuote Eglise de S. Thomas d'Aquin, ou des Peres Predicateurs, qui a cousté à bastir cent cinquante mille ducats, *où le fils vnique de cette Reine Iean Prince ou Infant d'Espagne, a receu les honneurs de la sepulture.* A Segouie l'Eglise & le Monastere de sainte Croix, qu'elle a donné aux Religieux du mesme Ordre saint Dominique. A Grenade vingt-quatre Chapelles dans la grande Eglise de Nostre Dame, pour nourrir & entretenir vingt-quatre Chapellains & Chanoines, qui sont obligez de prier Dieu pour elle & le Roy Ferdinand & leurs successeurs : les Monasteres de saint François, de saint Hierôme, des Peres Chartreux, de sainte Croix ou des Predicateurs, auec l'Archeuesché. A saint Iaques en Galice vne somptueuse Eglise auec vn Hospital. A Burgos vne Eglise qui ne cede pas à celle de Galice. A Rome trois belles Eglises, sçauoit celles de saint François, de S. Pierre Montoro, & de saint Iaques des Espagnols.

Ce mesme Auteur dans le Chapitre XXIII.

du mesme Liure, rapporte que par ses ordres & par son zele, les Abbayes de saint Benoist le Royal à Valladolid, & la deuote maison de Nostre Dame de Montserrat dans la Catalogne, toutes deux de l'Ordre de saint Benoist, ont esté reformées.

VI. La Reine Isabelle ne se contenta pas seulement d'établir & de fonder plusieurs maisons Religieuses de diuers Ordres dans Malaga, dans Grenade, & dans les autres villes de ses Royaumes; mais aussi elle admit & receut sur ses terres, deux familles & Congregations Religieuses, sçauoir celles de nos Minimes, ainsi que je vous l'ay desia fait remarquer parlant (dans la troisiéme Partie) du siege & de la prise de Malaga sur les Infidelles. Et celle de la Conception de la tres-sainte Vierge, dont Beatrix de Silua sa cousine estoit Fondatrice, sainte & courageuse fille de la tres-illustre Maison de Silua, ou de Sylue en Portugal, & en Castille (d'où sont sortis les Ducs de Pastrane) & quelques Ecriuains François l'appellent Beatrix du Bois & de la Forest. I'ay fait l'eloge & écrit la vie abregée de cette Vierge Portugaise dans la premiere Partie du premier Tome des Vies & des Eloges des Dames Illustres, où j'ay

F. Gonzaga in 1. part. Hist. Seraph.

fait voir les vertus & la constance de Beatrix, qui est morte en opinion de sainteté l'an 1489. On peut dire, & je suis obligé de le faire voir icy qu'Isabelle Reine de Castille fut non seulement la protectrice de cet ordre de la Conception de la Vierge Mere de Dieu, mais qu'on la peut justement nommer la seconde Fondatrice. Car plusieurs femmes & filles des meilleures Maisons d'Espagne, voyant l'affection sincere & extraordinaire qu'elle portoit à cette Congregation s'y consacrerent au seruice de Dieu, & y ont mené vne vie digne du Ciel: en sorte qu'en peu de temps elle se multiplia dans toutes les terres de son obeïssance : & delà s'épandit à Rome, en France & en Flandre. Ceux qui ont leu sa vie, ou l'Histoire de cet Ordre, ont appris comment cette grande Reine obtint du Pape Innocent VIII. par son pouuoir & par sa pieté la confirmation de la Regle ou des Constitutions des Religieuses de l'Ordre de la Conception, qui depuis fut encore approuuée par les Papes Alexandre VI. Iules II. & Leon X. qui luy accorderent encore plusieurs graces, & grand nombre de priuileges, que l'on peut lire dans plusieurs Auteurs & Historiens qui

A. Vasconcelius.
M. Becanus
C. Henriquez.
Marcus ab Vlyssipone.
Arturus à Monasterio.
Angelus Manrique.
Guil. Gibieuf.
L. de Mayerne.
F. Poiré.
F. Biuarus.
Lud. Iacob.

en ont parlé, & qui n'ont pas oublié de rapporter fidelement les faueurs & les charitez que Beatrix de Sylue, & les Religieuses de son Ordre ont receuës de cette Reine Catholique & parfaite Heroïne.

SEPTIEME PARTIE.

I. *Isabelle mortelle ennemie de l'oisiueté & de l'impureté; le soin qu'elle a pris pour bien éleuer ses quatre filles.* II. *Le Prince Iean son fils vnique.* III. *La douleur que Ferdinand & Isabelle receurent pour la mort de ce Prince.* IV. *Et pour celle de leur gendre Alfonse Prince de Portugal.* V. *Ils marient leur fille Isabelle veuue d'Alfonse, à Emanuel Roy de Portugal, laquelle mourut en couche aprés auoir esté declarée heritiere de Castille & d'Arragon : le Prince Michel fils d'Isabelle Reine de Portugal, meurt deux ans aprés sa mere au grand regret d'Isabelle & de*

Ferdinand. VI. *Constance de la Reine Isabelle en ces accidens.* VII. *Ieanne la seconde fille d'Isabelle & de Ferdinand, mariée à Philippe Archiduc d'Austriche, est heritiere de Castille & d'Arragon.* VIII. *Philippe & Ieanne sont reconnus heritiers de ces Royaumes-là par les Espagnols.* IX. *La joye que receut Isabelle pour la naissance de Iean Prince de Portugal, fils de sa fille Marie, & la tristesse pour la mort d'Artus Prince de Galles mari de sa fille l'Infante Catherine.* X. *Isabelle s'afflige pour les amourettes de l'Archiduc son gendre, qui se plaisoit plus en Flandre qu'en Espagne.*

I. CEVX qui parlent de cette Princesse la louënt particulierement d'auoir eu en horreur la faineantise & l'oisiueté sur tous les vices, comme la source & l'origine de tous les maux, & de toutes les miseres qui accablent la plusspart des hommes en cette vie. Elle n'auoit pas vne moindre passion con-

Iustus Lipsius. Mariana. Mayerne. GonZaga. Ioannes de Montoya. in iconibus illustr. virorum,

& fem. ord. Seraph. tre les bouffons & les Comediens, qu'elle ne voulut jamais voir ni entendre. Elle ne pouuoit pas souffrir dans ses terres les joueurs de dez, & tous les vagabonds & faineants qui corrompent la jeunesse. Sa Cour & sa Maison estoit vne escole de vertu & d'honneur, & comme l'Academie de la pieté & de la gloire. Car ceux qui ont leu les Ecriuains illustres de ce siecle, sçauent que le Palais de cette Reine estoit vne pepiniere de deuotion, & vn seminaire de sainteté. Elle ne manquoit jamais de dire son Breuiaire, & parloit plus souuent à Dieu qu'aux hommes. Elle portoit vn grãd respect aux Prestres & aux Ecclesiastiques, à l'exemple de saint François dont sa Majesté honoroit l'institut, & portoit le cordon. Elle aimoit la chasteté & la sobrieté, autant qu'elle haïssoit la faineantise & l'impureté. Iamais elle ne voulut boire de vin pour se mieux conseruer dans la pureté. Bref elle n'estoit point oisiue, mais toûjours en trauail. En effet durant les guerres de Grenade on la vid souuent monter à cheual pour donner les ordres dans ses armées. *Jaques de Gusman.* Et durant la paix elle emploia la meilleure partie de son temps auec ses enfans (qu'elle appelloit ses Anges) ses Da- *Lipsius.*

mes & ses Demoiselles à trauailler à l'aiguille, & à filer à la quenoüille. Elle éleua si hautement à la vertu & à la pieté les Infantes ses filles, qu'elles se monstrerent dignes filles d'vne si illustre mere, & ont fait paroistre par leur sage conduite, qu'elles auoient esté nourries par vne si vertueuse & si pieuse Princesse. Isabelle sa fille aisnée fut mariée en premieres nopces à Alfonse Infant ou Prince de Portugal, & depuis en secondes nopces auec Emanuel Roy de Portugal; la seconde sçauoir Ieanne fut Reine d'Espagne, & épousa Philippe Archiduc d'Austriche, & Comte de Flandre: Marie fut la seconde femme du Roy Emanuel, dit le Grand; & Catherine qui estoit la derniere, fut mariée à Artus Prince de Galles, & depuis à Henry VIII. Roy d'Angleterre, ainsi que je vous ay fait voir dans les vies des Dames illustres, & dans le Liure 1. de l'Histoire Catholique en l'eloge de cette bonne Reine Catherine, illustre & recommandable à la posterité par ses rares vertus, & ses belles qualitez. Iean Mariana & Henry de Sponde disent, que Marie Reine de Portugal estoit la quatriéme & la plus jeune.

Gabriel du Preau.

L. de Mayerne.

Les Saintes Marthes.

Alonso Lopez de Haro secunda parte del nobiliario genealogito de los Reyes y titulos de España.

II. Isabelle Reine d'Espagne, mere de

ces quatre Reines, eut vn fils vnique nommé Iean, qui fut l'amour, l'esperance, & les delices de toute l'Espagne; mais Dieu qui combla de tant de bonheur, de victoires, & de benedictions spirituelles & temporelles cette grande Princesse, l'y conduisit par vn chemin tres-rude, plein d'afflictions & de croix. Car ce fils qui estoit declaré Prince des Asturies, & de Girone, c'est à dire, l'heritier des Royaumes de Castille & d'Arragon, qui auoit épousé Marguerite d'Austriche fille vnique de l'Empereur Maximilien I. & de sa premiere femme Marie de Bourgongne, & sœur de l'Archiduc Philippe, mourut à l'âge de dix-neuf ans à Salamanque, le quatriéme d'Octobre de l'an mil quatre cens quatre-vingts dix-sept, le treiziéme de sa maladie. Oliuier de la Marche, & François Haræus disent, que la belle & sçauante Marguerite estoit enceinte quand le Prince son mari mourut, & qu'elle accoucha auant terme d'vn fils qui vescut peu de jours aprés sa mort, ainsi elle fut veuue presque aussi tost que mariée. Quelques Historiens disent que cet enfant vint mort au monde: d'autres disent, qu'il mourut aussi tost qu'il fut né. Nostre fidele Comines rapporte dans le Chapitre XVII. du Liure VIII. de ses Memoires, que quand *Marguerite sceut cette douloureuse nouuelle, estant grosse de six mois elle accoucha d'vne fille toute morte.*

III. L'on ne peut pas exprimer par des paroles la douleur que receurent Isabelle & Ferdinand son mari, de la mort de leur fils vnique, heritier des Royaumes & des Couronnes de Castille & d'Arragon, pour s'estre trop échauffé aux Tournois qui se firent aux nopces de ses sœurs Isabelle & Catherine, & aux réjoüissances qui se firent pour les alliances Royales des Maisons d'Austriche, d'Angleterre & de Portugal, auec celle de Castille & d'Espagne. Ie ne rapporteray pas icy ce qu'en dit Mariana dans le Chap. premier du Liure vingt-sept de son Histoire, & les autres Historiens Espagnols, ou sujets des Maisons d'Austriche & de Bourgongne, que j'ay leus; mais seulement j'en diray ce qu'en dit nostre Tacite François qui viuoit de ce temps-là. Cet illustre Ecriuain que tous les honnestes gens ont loüé pour sa franchise & sa fidelité à écrire l'Histoire, rapporte que *Ferdinand & Isabelle faisoient vn si merueilleux deuil pour le trespas du Prince de*

Castille qu'on ne le sçauroit croire, & par especial la Reine, de qui on esperoit aussi tost la mort que la vie: Et à la verité, je n'ouys jamais parler de plus grand deuïl que celuy qui en a esté fait par tous leurs Royaumes: car toutes gens de mestier ont cessé quarante jours, (comme leurs Ambassadeurs me dirent depuis) tout homme estant vestu de noir de ces gros bureaux, & les Nobles & les gens de bien chargeoient leurs mulets de couvertures pendantes jusques aux genoux du mesme drap, il ne leur paroissoit que les yeux, & on ne voyoit par tout sur les portes des villes que des bannieres noires. Il ajoûte: *Quelles piteuses nouvelles en cette Maison, qui tant avoit receu de gloire & d'honneur. & qui plus possedoit de terre, que ne fit jamais Prince en Chrestienté venant de succession? Et puis avoir fait cette belle conqueste de Grenade, & fait partir un Roy, tant honoré par tout le monde, hors d'Italie, & faillir à son entreprise: ce qu'ils estimoient à grande chose.* Et plus bas: *Quelles douleurs donc receurent-ils de cette mort, quand ils avoient mis leur Royaume en toute obeïssance & justice, & lors qu'il sembloit que Dieu & le monde les voulut plus honorer que tous les autres Princes vivans? & qu'ils estoient en bonne prosperité de leurs personnes?*

L'entreprise & la conqueste de Naples du Roy Charles VIII.

IV.

IV. Isabelle n'a pas eu cette seule affliction, elle perdit son gendre Alfonse Prince de Portugal, & le premier mari de sa fille aisnée la Princesse Isabelle, qui mourut à Santarem à l'âge de 16. ou 17. ans, le 13. de Iuillet de l'an mil quatre cens quatre-vingts onze, par vn accident funeste, & en vn Tournoy, au grand regret non seulement du Roy de Portugal Iean II. son pere, (qui le vid expirer dans la cabane d'vn pauure pescheur, vingt-sept heures aprés que son cheual l'eut jetté par terre) mais aussi de la Princesse Isabelle, qui aprés auoir coupé ses cheueux & témoigné vne veritable douleur & affliction, fut reconduite en Espagne au Roy Ferdinand & à la Reine Isabelle dans leur ville de Sainte Foy, où ils demeuroient tandis qu'ils tenoient la ville de Grenade assiegée, & dans laquelle ils entrerent victorieux le iour des Rois de l'an 1492. Ceux qui ont leu l'Histoire d'Espagne demeurent d'accord que Ferdinand & Isabelle auoient receu la nouuelle de la perte de leur gendre Alfonse de Portugal, (Prince qui pour ses belles qualitez donnoit de grandes esperances) & de l'affliction sensible de leur fille aisnée (qui se vid presque en mesme temps mariée, fem-

Mariana. Vasconcelius. Mayerne. Sainte-Marthe. D. Pierre de S. Romuald.

me & veuue) quand ils faisoient leur entrée triomphante dans la ville capitale du Royaume de Grenade, qu'ils auoient conquise sur les Maures qui la possedoient depuis huit siecles.

V. Isabelle & Ferdinand marierent pour la seconde fois leur fille Isabelle à Emanuel Roy de Portugal, cousin de son premier mari, qui auoit succedé aux Royaumes de Portugal & des Algarbes au Roy Iean II, & la pompe de ces secondes nopces se fit en la ville de Valentia de Alcantara au mois d'Octobre de l'an 1497. Peu de temps aprés le mariage d'Emanuel Roy de Portugal, & d'Isabelle de Castille fille aisnée de Ferdinand & d'Isabelle, de qui Comines parlant de l'amour que son pere & sa mere luy portoient, dit, *que plus ils aimoient que tout le reste de ce monde aprés leur fils, le Prince de Castille*. Mais ce jeune Prince de Castille, & heritier de leurs Royaumes, estoit comme je viens de dire mort à Salamanque. Isabelle Reine de Portugal, deuint (par la mort de Iean son frere vnique) presomptiue heritiere des mesmes Royaumes dont Emanuel son mari & elle, furent nommez & declarez Princes, & en cette qualité ils firent leurs entrées dans la

Mariana.
Mayerne.

plusſpart des villes de Caſtille & d'Arragon : toutefois cela ne leur dura gueres; car cette jeune Reine de Portugal, & heritiere de tant de Royaumes, mourut le vingt-trois Aouſt de l'an mil quatre cens quatre-vingts dix-huit à Sarragoce capitale d'Arragon, en couche d'vn Prince qui fut nommé Michel, (& que Comines ſeul appelle Emanuel) qui dés l'inſtant qu'il vint au monde, fut reconnu pour Prince & heritier preſomptif des Royaumes de Caſtille & d'Arragon; mais il ne veſcut que deux ans, & mourut à Grenade l'an mil cinq cens, au grand regret de ſon pere Emanuel Roy de Portugal, & de ſes ayeuls Ferdinand & Iſabelle, ainſi que le racontent ceux qui ont écrit des affaires d'Eſpagne, & entre les autres le Seigneur d'Argenton, qui n'a pas oublié de remarquer l'auerſion ou la contradiction qu'eurent Ferdinand & Iſabelle de faire alliance auec le Portugais, que les Eſpagnols, & principalement les Caſtillans haïſſoient & mépriſoient: & enſuite l'affliction qu'ils receurent de la mort de leur fille aiſnée Iſabelle de Caſtille Reine de Portugal. C'eſt dans le Chapitre dix-ſept du Liure huitiéme de ſes Memoires qu'il écriuoit en ce temps-là. Voicy ſes

Vaſconcelias. Sainte-Marthes.

termes : *Il déplaisoit bien aux dessusdits d'avoir baillé leur fille à homme qui ne seroit pas agreable au Royaume de Castille, & à autres leurs Seigneuries, & s'ils l'eussent eu à faire, ils ne l'eussent jamais fait : qui leur estoit vne amere douleur, & encore vne autre plus grande, en ce qu'il faloit qu'elle se départist d'eux : toutefois leurs douleurs passées, ils les ont menez par toutes les principales Citez de leurs Royaumes, & fait receuoir le Roy de Portugal pour Prince, & leur fille pour Princesse, & pour estre Rois aprés leur decés. Et vn peu de reconfort leur est venu, c'est que ladite Dame, Princesse de Castille, & Reine de Portugal, a esté grosse d'vn enfant bougeant: mais il leur aduint le double de leurs douleurs, & croy qu'ils eussent voulu que Dieu les eust ostez du monde : car cette Dame que tant ils aimoient & prisoient, mourut en accouchant de son enfant, & croy qu'il n'y a pas vn mois, & nous sommes en Octobre l'an mil quatre cens quatre-vingts dix-huit : mais le fils est demeuré vif au trauail duquel elle est morte, & a nom comme le pere Emanuel.* Ie m'étonne comment Comines s'est pû méprendre en vne chose si manifeste, & qu'il ait appellé ce jeune Prince Michel du nom d'Emanuel, puisqu'il viuoit quand il écriuoit ses Memoires, & que tous les Escriuains Espagnols & François le contredisent.

VI. Ces accidens impreueus & funestes de la mort du Prince Iean fils vnique d'Isabelle & de Ferdinand, & d'Isabelle Reine de Portugal leur fille aisnée, & du Prince Michel petit fils d'Isabelle de Castille Reine d'Espagne, nous apprennent que cette grande Princesse ne fut pas exempte des afflictions qui tourmentent les hommes, & que sa grandeur ne la preserua des suites dangereuses qui accompagnent les prosperitez. Aprés tant de pompes & de conquestes ces pertes receuës, quoique naturelles, luy apprirent que les Grands ont à obeïr aussi bien que les petits aux loix de la nature : car comme les migraines, & les douleurs de testes ne se guerissent pas pour porter vn diademe ; de mesme pour estre Roy ou Reine, l'on n'est pas exempt des déplaisirs & des aduersitez. Mais bien que ces pertes touchassent infiniment Isabelle, elle témoigna par sa patience qu'elle auoit surmonté la grandeur de la fortune par celle de son courage, & son inconstance par la fermeté & la constance de son esprit.

VII. Aprés la mort d'Isabelle fille aisnée d'Isabelle & de Ferdinand Rois de Caſtille, & de leur petit fils Michel Infant de Portugal, la Princeſſe Ieanne qui auoit épouſé l'Archiduc Philippe, fils vnique de l'Empereur Maximilien I. & de Marie de Valois ou de Bourgongne ſa premiere femme, deuint heritiere des Royaumes de Caſtille & d'Arragon, & de toutes les autres terres ſujetes & dépendantes de la Couronne d'Eſpagne. Ieanne qui eſtoit pour lors au Pays-bas auec l'Archiduc ſon mari, aiant appris la mort de ſon neueu Michel Prince de Portugal, & heritier de Caſtille & d'Arragon, fut obligée de quitter la Flandre & d'aller en Eſpagne. Pour cet effet Philippe & Ieanne laiſſerent leurs enfans Charles Duc de Luxembourg, & leurs filles Eleonor & Iſabelle, en la ville de Malines entre les mains de Marguerite d'Yorc ou d'Angleterre, veuue de Charles dernier Duc de Bourgongne, pour y eſtre éleuez : aprés quoy ils paſſerent en diligence en Eſpagne pour ſe faire saluër & reconnoiſtre heritiers des Royaumes de Caſtille, de Grenade, de Leon, d'Arragon, de Valence, & des autres Eſtats de leurs peres, (ainſi que je l'ay remarqué plus au long dans la Vie ou l'Eloge que j'ay fait de Ieanne Reine d'Eſpagne) qui eſt dans le ſecond Tome des Vies des Dames Illuſtres, où j'ay rapporté les honneurs que ſon mari & elle receurent en France à leur paſſage, & par toutes les Eſpagnes, juſques à ce qu'eſtant approchez de la Cour, le Roy Ferdinand accompagné de plus de ſix mille hommes, alla au deuant d'eux à vne demie lieuë de Tolede le ſeptiéme May de l'an mil cinq cens deux, & le Magiſtrat les receut à la porte, & leur preſenta vn dais de drap d'or, ſous lequel ils ſe mirent, & furent conduits en cette equipage juſques à la grande Egliſe, & de là en la grande Sale du Palais, où Iſabelle de Caſtille ſa mere Reine d'Eſpagne eſtoit aſſiſe ſur vn Troſne fort riche au milieu des Grandes Dames d'Eſpagne. Incontinent que Ieanne parut dans la Sale, la Reine Iſabelle ſe leua de ſon Troſne, & la receut auec toutes ſortes de careſſes & de demonſtration d'affection; cependant que Ferdinand entretint en ſecret l'Archiduc ſon gendre: & cette ceremonie finit par vn feſtin, où diſnerent en vne meſme table Ferdinand, Iſabelle, Philippe, & Ieanne. F. Harault.

VIII. Ferdinand & Iſabelle declarerent & reconnurent le vingt-deuxiéme du mois de May ou de Iuin, en l'Aſſemblée generale des Estats de Castille, l'Archiduc d'Austriche & Comte de Flandre, & sa femme l'Infante Ieanne leur fille, & leurs enfans, pour leurs vrais & legitimes heritiers. Et toute la Noblesse en suite leur presta le serment de fidelité. Le dix-sept d'Octobre Ieanne & Philippe allerent à Medina-Celi, & de là à Sarragosse, où ayant juré aux Arragonois de conseruer leurs Priuileges, ils les saluërent & les reconnurent pour leurs Souuerains, auec les ceremonies qu'on a de coustume d'obseruer en de pareilles occasions. Aprés toutes ces reconnoissances, & que Ieanne & Philippe eurent esté declarez Princes des Asturies & de Girone, de Castille & d'Arragon, ou comme disent les autres, Princes des Espagnes, & heritiers de tous les Royaumes de leurs peres, ils allerent à la Cour de Ferdinand & d'Isabelle pour prendre congé de leurs Majestez, & retourner au Pays-bas. Ferdinand & Isabelle voyans qu'il leur estoit impossible de retenir en Espagne le Prince Philippe durant l'hyuer, ils y firent demeurer la Princesse Ieanne qui estoit enceinte, laquelle peu de temps aprés accoucha de son second fils le 12. de Mars de l'an mil cinq cens trois à Alcala de Henarés, dont Ferdinand fut le parrain, & luy donna son nom. Car Ieanne estoit accouchée en la ville de Gand de son premier fils, (qui fut appellé Charles) le vingt-cinquiéme de Feurier de l'an mil cinq cens, qui fut depuis Empereur. La naissance de ce second fils de Ieanne donna beaucoup de joye à Isabelle, & aux habitans de la ville d'Alcala, dautant qu'à la persuasion de François Ximenes Archeuesque de Tolede, qui fut le second Fondateur de l'Vniuersité qui est en cette ville-là, Ferdinand & Isabelle accorderent à tous les Bourgeois en faueur de la naissance du second fils de Ieanne heritiere d'Espagne, exemption des tailles, & de toute sorte d'impositions. En memoire dequoy ils conseruent encore aujourd'huy le berceau & les langes de ce Prince, qui fut Roy de Hongrie & de Boheme, & Empereur.

M. Baudier chap. 4. de l'Histoire du Card. Ximenes.

IX. Isabelle receut au mesme temps vne autre joye qui luy fut fort sensible; car elle apprit que sa fille Marie, laquelle estoit mariée dés l'an mil cinq cens à Emanuel Roy de Portugal, estoit accouchée heureusement à Lisbonne le 6. de Iuin de l'an mil cinq cens deux, d'vn fils qui depuis fut Roy de Portugal, & s'appella Iean III.

Mais comme la bonace est toûjours suiuie de la tempeste, & que la douleur marche sur les pas de la joye, elle receut vne affliction bien cuisante par la nouuelle qu'elle apprit de la mort d'Artus Prince de Galles, qui auoit épousé sa fille l'Infante Catherine, il n'y auoit que cinq ou six mois. Aprés la mort de ce Prince Isabelle & Ferdinand redemanderent leur fille à Henry VII. Roy d'Angleterre, mais il leur persuada de la luy laisser, & qu'il auoit dessein de la marier à Henry son second fils, qui n'auoit encore que douze ans. Ce mariage ne se fit pas sans difficulté, & l'vn de nos Historiens dit fort bien, *que les plus sçauans qui viuoient alors furent bien empeschez à la decision de cette affaire, mais ils ne firent que la brouiller au lieu de la resoudre: car disputant de l'honnesteté de cet acte, ils remuerent tant de pierres, qu'ils en trouuerent quelqu'vne qui leur faisoit du mal.* Mais comme si Isabelle eust preueu les desordres qui arriuerent aprés, elle eut peine de consentir à ce mariage de l'Infante Catherine auec Henry Prince de Galles, (qui a esté depuis Roy d'Angleterre) qui n'estoit pas si doux, ni d'vn si bon naturel qu'Artus son aisné.

Mariana. Sanderus. Cambdenus.

François de Remond fils de Florimond au liure 6. de la naissance de l'heresie chap. 1.

X. Mais ſes trauerſes ne ſe bornerent pas là, elle receut encore bien d'autres afflictions, la mauuaiſe conduite de ſon gendre l'Archiduc Philippe qui s'abandonnoit trop aux plaiſirs (ou pour mieux dire) aux débauches des femmes, ne luy donna pas peu d'inquietude : Ce Prince qui auoit d'ailleurs de tres-bonnes & d'excellentes qualitez, ne pouuoit reſiſter aux charmes d'vn beau viſage. Les Flamandes qui de leur naturel ſont fort blanches & fort ciuiles, luy touchoient le cœur, en ſorte que la Princeſſe Ieanne, qui fut heritiere de la jalouſie de ſa mere, ne la pût pas diſſimuler auſſi adroitement qu'elle auoit fait; ce qui luy cauſa des déplaiſirs : Car comme ſon mari auoit des galanteries auec pluſieurs Dames de ſa Cour, elle en conceut tant de douleur qu'elle en perdit l'eſprit. D'autres diſent que cette alienation de ſens luy arriua par le trauail qu'elle ſouffrit en l'accouchement de ſa derniere fille appellée Catherine, Princeſſe poſthume, qui depuis fut Reine de Portugal. Les mieux ſenſez aſſeurent que ce mal luy arriua par l'affliction extréme qu'elle receut de la mort de ſon mari, que les Eſpagnols ont appellé *Philippe le Bel*, à cauſe de ſa grande beauté,

Betuſſi. Serdonati. Mariana. Silhon. François Billon en ſon Fort inexpugnable aux Dames.

& pour estre doüé d'vne bonté si excellente, qu'il estoit respecté de tous les hommes, & aimé des Dames. Les autres veulent que cet accident luy soit arriué par des charmes & des sorceleries, ou par le poison que luy fit donner vne Dame Flamande, qui estoit maistresse, (ou pour parler plus chrestiennement & religieusement) concubine de ce beau Prince son mari. Le sejour que du viuant de la Reine Isabelle, l'Archiduc Philippe faisoit en Flandre plustost qu'en Espagne, dont il auoit esté declaré Prince, luy faisoit soupçonner qu'il auoit des amourettes dans les Pays-bas, qui empéchoient que sa fille la Princesse Ieanne ne receust pas toute la satisfaction & le contentement qu'elle auroit pû esperer de son mari, qu'elle affectionnoit d'vne amour la plus grande & la plus constante que jamais femme porta à mari ; ainsi que je l'ay monstré dans l'Eloge que j'ay fait de cette Princesse, qui est dans le second Tome des Vies des Dames Illustres.

M. Baudier.

HVITIE'ME ET DERNIERE PARTIE.

I. *Les afflictions domestiques de la Reine Isabelle luy auancent ses jours.* II. *Fâcheuse maladie dont elle fut incommodée durant quatre mois.* III. *Meurt fort chrestiennement à Medina del Campo, selon le rapport de Iean Mariana, de Hieronymo Zurita, d'Estienne Garibay, de GonZalo de Illescas, & des autres Ecriuains Espagnols.* IV. *Son corps est reuestu d'vn habit de Religieuse de S. François, & porté à Grenade.* V. *Les diuisions qui arriuerent en Espagne, à cause qu'Isabelle auoit par son testament declaré Ferdinand son mari administrateur du Royaume de Castille.* VI. *Le corps d'Isabelle est inhumé dans la Chapelle Royale de Grenade, auec celuy du Roy son mari, qui mourut douze ans aprés elle.*

VII. *Eloges que luy ont donné Mariana, Aubert le Mire, Gonzalo de Illescas, Zurita, Iuste Lipse, Pierre Martyr, & plusieurs autres Auteurs qui sont sujets des Maisons d'Espagne & d'Austriche.* VIII. *Les Espagnols & les Flamans ne sont pas seuls les Panegyristes de cette parfaite Heroïne; mais aussi nos François, entre autres François de Beaucaire Euesque de Mets; Henry de Sponde Euesque de Pamiés: Messieurs le President de Thou: de Bourdeille ou de Branthosme: Sceuole & Louïs de Sainte-Marthe: Pierre Mathieu: Gabriel du Preau Docteur: Michel Baudier: le Secretaire du Cheualier Bayard, & plusieurs autres.* IX. *Les vertus & les excellentes qualitez de cette grande Reine & parfaite Heroïne.*

I. CEs afflictions domestiques & le refroidissement que témoigna l'Archiduc Philippe pour la Princesse d'Espagne Ieanne, & l'amour qu'il portoit aux Dames de Flandre, (qui mettoit de la diuision entre ce Prince & cette Princesse, & iettoit de la jalousie dans leurs esprits) toucherent extrémement la Reine Isabelle. Mais ce qui luy auança ses jours fut la mort inopinée de ses enfans, & de ses petits enfans qu'elle aimoit vniquement, & qu'elle esperoit de voir regner vn jour en Espagne. Mais Dieu luy enuoya ces trauerses pour éprouuer sa vertu, & faire éclater sa patience & sa constance. La pluspart des Ecriuains Espagnols nous veulent persuader que ce fut par là que Dieu luy témoigna qu'il prenoit vn soin particulier de sa personne; & que c'estoit vne marque qu'il se souuenoit d'elle puisqu'il la visitoit si souuent. Mais tous nos Historiens, & particulierement Philippe de Comines (dans le XVI. Chapitre du Liure VIII. de ses Memoires) dit que Dieu luy enuoya ces afflictions pour punir l'ingratitude de laquelle Ferdi-

H. Spondanus. *P. de Bourdeille de Brantosme* *D. Godefroy.*

Saintes-Marthes. Onufrius Panuinius in Alex. VI.

nand son mari auoit vsé enuers nostre Roy Charles VIII. Car il se ligua non seulement auec tous les Princes d'Italie, mais auec tous ceux de l'Europe, excepté le Roy de Portugal (sous le specieux pretexte de defendre le Saint Siege Apostolique) pour empescher aux François & à leur Roy la conqueste des Empires de Constantinople & de Trebisonde, & du Royaume de Hierusalem dont il se seroit fait couronner Roy & Empereur, aprés en auoir chassé les Turcs & les Infideles. Ce mesme Auteur ajouste que ces malheurs arriuerent à Ferdinand & à Isabelle pour s'estre pariurez enuers le Roy Charles VIII. Voicy ses termes: *Grand tort auoient lesdits Roy & Roine d'ainsi s'estre parjurez enuers le Roy aprés cette grande bonté qu'il leur auoit faite, de leur auoir rendu ledit pays de Roussillon, qui tant auoit cousté à reparer & garder, à son pere, lequel l'auoit en gage pour trois cens mille escus, qu'il leur quitta, & fit tout cecy afin qu'ils ne l'empeschassent point à la conqueste qu'il esperoit faire du Royaume de Naples: & refirent les anciennes alliances de Castille (qui sont de Roy à Roy, de Royaume à Royaume, & d'homme à homme de leurs sujets (& ils promirent de ne l'empescher point à ladite conqueste,*

queste, & de ne marier aucune de leurs filles à ladite Maison de Naples, d'Angleterre ni de Flandres : & cette estroite offre de mariage vint de leur costé : & en fit l'ouuerture vn Cordelier appellé Frere Iean de Mauleon, de la part de la Reine de Castille : *& dés qu'ils virent la guerre encommencée, & le Roy à Rome, ils enuoyerent leurs Ambassadeurs par tout, pour faire alliance contre le Roy, & mesme à Venise où j'estois*, &c.

II. Pour moy je n'entre pas dans ces secrets, ni dans ces abysmes des jugemens de Dieu. Ie dis en toute humilité que ce sont des coups de la main du Tres-puissant, que ce sont des merueilles de sa dextre, & des effets de ses Conseils eternels, dans lesquels nous ne deuons ni ne pouuons pas penetrer. Ce que je puis dire sera, que j'ay remarqué dans plusieurs Historiens Espagnols, François, & d'autres nations que cette Chrestienne Heroïne tomba malade, & demeura quatre mois & quelques jours fort incommodée d'vne longue & fascheuse maladie, qui luy venoit d'vne playe qu'elle auoit au fondement pour auoir esté trop à cheual durant la guerre & le siege de Grenade, où l'on la vid souuent comme vn excellent Capitaine, & vn

Gonzalo de Illescas lib. 6. de la Hist. Pontifical. Spondanus. D. Pierre de S. Romuald.

grand Chef d'armée, la premiere aux perils & aux occasions les plus dangereuses, & endurer comme le moindre soldat de son armée, les incommoditez du chaud, du froid, de la pluye & du vent.

III. Ce fut donc dans la ville de Medina del Campo, & le 26. de Nouembre de l'an mil cinq cens quatre, que cette genereuse Princesse passa de cette vie à vne plus glorieuse (comme nous le pouuons vraisemblablement conjecturer par ses saintes actions) âgée de cinquante-trois ans & sept mois, aprés en auoir regné trente en Castille & aux autres Royaumes qui luy appartenoient, si nous nous en rapportons à Iean Mariana, & à la pluspart des autres Ecriuains de l'Histoire d'Espagne. Aubert le Mire dans la suite de la Chronique d'Eusebe, & d'autres Ecriuains disent, qu'elle mourut l'an mil cinq cens cinq. Mais il n'y en a pas beaucoup de cette opinion. Hierôme Zurita rapporte dans le Chap. LXXXIV. & dernier du Liure V. de l'Histoire du Roy Dom Ferdinand (qui est dans le V. Tome de ses Annales d'Arragon) qu'elle mourut à Medina del Campo à l'heure de Midy le 26. iour de Nouembre de l'an mil cinq cens quatre, auec le regret de tous ses ſujets, qui perdirent vne ſi bonne & ſi vertueuſe Reine, dont la mort fut precedée par la famine & la ſterilité qui affligea l'Italie, l'Eſpagne, & pluſieurs autres Royaumes, & des terres-trembles qui arriuerent le Vendredy Saint de cette année-là en Caſtille & l'Andalouſie, particulierement à Seuille & à Carmona, qui abatirent pluſieurs clochers des Egliſes, & les tours des forteresſes, & ruinerent & renuerſerent de fond en comble pluſieurs belles maiſons, edifices & lieux publics. Ces tremblemens furent ſuiuis d'vne peſte qui fit mourir vne infinité de perſonnes dans l'Eſpagne, & incommoda & altera la ſanté de cette parfaite Heroïne digne d'vne plus longue vie. Eſtienne de Garibay raconte dans le Chapitre XVI. & dernier du Liure XIX. de l'Hiſtoire de Caſtille, que ſe ſentant malade pour mourir, elle ſe confeſſa fort exactement, & qu'elle receut auec ferueur & deuotion le Saint Viatique & l'Extreme-Onction. Il ajoûte qu'il ſe fit pluſieurs Proceſſions, des prieres publiques à ſon intention, par toutes les villes & les Prouinces de ſes Royaumes durant ſa maladie; & la louë pour auoir defendu genereuſement la foy Catholique, acreu & augmenté la Religion Chreſtienne, & fait grand nombre de bonnes œuures. Mais dans le Chapitre XLIV. du Liure XL. de l'Hiſtoire abregée d'Eſpagne, & des Rois Maures de Grenade, il dit qu'elle mourut vn Mardy 26. de Nouembre de l'an mil cinq cens quatre, douze ans dix mois & vingt-quatre jours aprés qu'elle eut conquis le Royaume de Grenade. Gonzalo de Illeſcas remarque dans le Liure ſixiéme, (que l'on void dans la ſeconde Partie de ſon Hiſtoire Pontificale & Catholique) qu'elle mourut à Medina del Campo le vingt-quatriéme de Nouembre de l'an mil cinq cens quatre, eſtant âgée de cinquante-cinq ans. Aprés l'auoir loüée pour ſes vertus, & ſes excellentes qualitez, & la patience auec laquelle elle ſupporta la ſecrete maladie, & la faſcheuſe incommodité dont elle fut affligée, il ajoûte, qu'aprés auoir eſté cinquante jours entiers dans le lict, que ſe voyant proche de ſa mort, elle demanda les Sacremens de la ſainte Egliſe, qu'elle receut auec vne extréme deuotion & ferueur, qu'elle fit la confeſſion de ſes pechez & de ſes fautes, (quoique legeres & en petit nombre) auec vne tres-profonde humilité & veri-

G. Illeſcas cap. 22. §. 3.

table contrition. Il rapporte en ſuite, qu'elle demanda l'Extreme-onction, & la receut auec jugement, gardant touſiours l'honneſteté & la pudeur qu'elle auoit accouſtumé en toutes ſes actions, ayant prié le Preſtre qui luy donna les ſaintes huiles, de ne pas regarder ſes pieds. Ce qu'elle ne voulut pas auſſi permettre à ſa Dame d'honneur qui l'aſſiſtoit; & qu'vne heure auant que de rendre ſon ame à ſon Createur, elle ſe fit reueſtir d'vn habit de l'Ordre de S. François.

IV. La pluſpart des Ecriuains de l'Hiſtoire d'Eſpagne, rapportent que ſon corps aprés ſa mort fut reueſtu d'vn habit de Religieuſe de Sainte Claire, à cauſe de la deuotion qu'elle auoit au Pere Seraphique Saint François. Et en ſuite elle fut portée à Grenade pour eſtre miſe au tombeau qui eſtoit en la Chapelle qu'elle auoit fait baſtir dans l'Egliſe Cathedrale, ainſi qu'elle auoit ordonné par ſon teſtament, dont elle auoit fait executeur François Ximenés Archeueſque de Tolede, & Primat d'Eſpagne. Ie ne vous diray point icy les honneurs qu'on rendit à ſa memoire dans les villes de Grenade, & de ſes autres Royaumes, je me reſerue à vous en parler aprés que je vous auray rapporté comment cette ſage Princeſſe inſtitua par ſon teſtament Ferdinand ſon mari, (qui n'eſtoit que Roy d'Arragon) adminiſtrateur du Royaume de Caſtille. Cette action la fait louër non ſeulement des Hiſtoriens Eſpagnols, mais auſſi de nos François, & entre autres de François de Beaucaire Eueſque de Mets dans le Liure dixiéme Nomb. 14. de ſes Memoires de l'Hiſtoire de France, qui remarque, qu'Iſabelle donna l'adminiſtration ou le gouuernement de Caſtille, & des Royaumes qui luy appartenoient, à Ferdinand ſon mari, pluſtoſt qu'à Philippe ſon gendre, tant pour l'amitié qu'elle luy portoit, que pour l'experience & la prudence qu'elle reconnoiſſoit en ce vieillard, qui auoit ſagement gouuerné ſes Eſtats & ſes Royaumes, & qui eſtant Eſpagnol ſçauoit mieux viure & commander aux Caſtillans, que ſon gendre, qui eſtoit encore jeune & eſtranger, & qui n'auoit pas encore l'experience ni l'intelligence parfaite, requiſe & neceſſaire à ceux qui gouuernent des Royaumes & des Empires.

F. Belcarius.

V. Cette ſage preuoyance d'Iſabelle ne laiſſa pas d'apporter du trouble en Caſtille, ainſi que l'auront pû apprendre ceux qui ont leu exactement l'Hiſtoire d'Eſpagne. Car Philippe ſon gendre à qui les Eſtats appartenoient à cauſe de Ieanne ſa fille & legitime heritiere, ne ſeconda pas ſes penſées, & d'effet ayant fait celebrer ſes funerailles dans ſa ville de Bruxelle en l'Egliſe de ſainte Gudule, le ſeiziéme de Ianuier de l'an mil cinq cens cinq, il paſſa en diligence en Eſpagne, où il fut bien receu de la pluſpart des Grands, qui luy conſeillerent de déthroner ſon beau-pere, & d'entrer en poſſeſſion de la Caſtille, comme d'vn heritage qui appartenoit à ſa femme. Ce conſeil ne dépleut pas à ce jeune Prince, qui ſe voyant en bonne intelligence auec noſtre Roy Louis XII. ne manqua pas de faire le Souuerain dans la Caſtille, & d'obliger Ferdinand de ſe retirer en Arragon. Mais je ne puis vous déduire icy toutes ces brouïlleries; il faut s'attacher à ce qui reſte de la vie de noſtre Iſabelle: je diray ſeulement en paſſant, qu'elles furent depuis appaiſées par les ſages aduis de Ximenés Archeueſque de Tolede, & par la mort de Philippe, ainſi que nous l'apprenons de la pluſpart des Hiſtoriens d'Eſpagne, & des Annales de l'Egliſe, & des au-

Mariana. Mayerne. M. Baudier

tres Royaumes, où les Lecteurs curieux pourront voir toutes les particularitez.

VI. Mais pour reprendre l'Histoire d'Isabelle où nous l'auons laissée, je diray que son corps fut porté de Medina del Campo à Grenade, & mis en depost dans l'Alhambra, où il demeura douze ans auec l'habit de Religieuse Cordeliere, jusqu'à la mort du Roy Ferdinand son mari, qui mourut le vingt-deuxiéme ou vingt-troisiéme de Ianuier, quelques-vns disent le 13. d'Aoust de l'an mil cinq cens seize, & qu'il mourut pour auoir beu vn breuuage amoureux, que Germaine de Foix Reine d'Arragon sa seconde femme (qu'il auoit épousée pour faire dépit à Philippe son gendre, & s'allier auec le Roy Louis XII.) luy auoit donné.

Les corps de la Reine Isabelle, & du Roy Ferdinand son mary, furent enterrez Royalement dans la grande Chapelle Royale que cette Reine auoit bastie & fondée, sous vn superbe tombeau de marbre, sur lequel cette inscription fut grauée en lettres d'or, que nous lisons à la fin de l'eloge de Ferdinand, dans la description du Royaume de Naples faite par Scipion Mazzella, & au commencement du Liure sixiéme de la seconde Partie de la Noblesse Genealogique des Rois d'Espagne, faite par Alonso Lopez de Haro.

*Mahumeticæ sectæ prostratores, & hæreticæ *prauitatis extinctores Ferdinandus* Aragonum, & Elizabetha Castellæ, vir & uxor unanimes, Catholici appellati, marmoreo clauduntur hoc tumulo.*

* al. *perfidiæ.*
* al. *Arragoniæ.*

Ferdinand Roy d'Arragon, & Elizabet Reine de Castille, le mari & la femme, qui ont vécu dans vne grande vnion, & qui ont esté surnommez les Catholiques, ayant poursuiui & supprimé la secte Mahumetane, éteint & détruit l'heresie, gisent sous ce tombeau de marbre.

VII. Il faudroit des volumes pour contenir tous les eloges & toutes les inscriptions d'honneur qu'ont fait la plusparc des Historiens en l'honneur de nostre Heroïne.

Iean Mariana dit en peu de paroles dans le Chapitre XVIII. du Liure XXV. de son Histoire d'Espagne.

Regina præstanti formæ venustate, flauis capillis fuit, cæsiis oculis, nullo fuco mentita facie, totius oris dignitate modestiáque singulari, Religionis studiis dedita atque litterarum, viri amans sed cum Zelotypia &

ſuſpicionibus, Latinæ linguæ non planè expers.

Cette Princeſſe eſtoit extrémement belle, elle auoit les cheueux d'vn blond doré, les yeux pers, & jamais elle ne farda ſon viſage, ſa taille & ſa contenance eſtoient admirables, & on remarquoit en elle vne certaine modeſtie, qui inſpiroit le reſpect, elle fut la Protectrice de la Religion, & des gens de Lettres, elle aimoit infiniment ſon mari, & meſme ſa jalouſie le luy fit pluſieurs fois ſoupçonner de peu de fidelité en ſon endroit, & elle entendoit fort bien le Latin.

Et dans le Chapitre onziéme du Liure vingt-huitiéme, où il parle de ſa mort, il ajoûte;

Deceßit ad ſextum Kalendas Decembris magno atque incredibili Prouinciæ totius luctu, Principem amiſiſſe dolentium, ea animi magnitudine & prudentia, iis virtutibus, vt inter laudes eius minima ſit, ſuperaſſe longo interuallo Reginas alias quaſcumque Hiſpania vidit ab omni memoria, ac verò totius orbis à multis profectò ſeculis. Elle mourut le vingt-ſixiéme du mois de Nouembre, & ſes Royaumes témoignerent vne extréme douleur de ſa mort: elle fut ſi prudente, ſi courageuſe, & ſi ſage, que le moindre qu'on puiſſe pour reconnoiſtre ſa vertu, c'eſt qu'elle ſurpaſſa infiniment en belles qualitez toutes les Reines qui gouuernerent jamais en Eſpagne, & les autres Reines & Princeſſes qui ont regné dans les autres Eſtats & Empires depuis pluſieurs ſiecles.

Deux Ecriuains Flamans luy ont fait deux petits, mais honorables Eloges.

Le I. I. B. Lambertinus Seigneur de Cruz-Houen, Preuoſt ou Bailly de Halle ou Hault, dans ſon Theatre Royal.

Theatrum Regium, ſiue Regum Hiſpaniæ ſeries & compendioſa narratio.

Regina Iſabella, Hiſpaniæ maximum decus, in oppido, quod Methymna de Campo dicitur, fatis conceſſit, ſexto & vigeſimo Nouembris die anni milleſimi quingenteſimi quarti. La Reine Iſabelle, la plus grande gloire & l'honneur d'Eſpagne, mourut à Medina del Campo le vingt-ſixiéme iour de Nouembre de l'an mil cinq cens quatre.

Le II. Aubert le Mire Doien de noſtre Dame d'Anuers, & Maiſtre de la Chapelle de l'Infante Iſabelle Claire Eugenie, digne petite fille de cette Reine, dans ſa Chronique.

Iſabella Ferdinandi Catholici Hiſpaniarum

Regis conjux, virago fortißima, Mauris deuictis moritur. Isabelle épouse de Ferdinand Roy Catholique des Espagnes, femme forte & vertueuse meurt aprés auoir vaincu & surmonté les Maures.

Alonso Lopez de Haro segunda Parte del Nobiliario genealogico de los Reyes y titulos de España lib. 6. pag. 5.

Dans l'Epitaphe de Iean Prince de Castille & d'Arragon ou d'Espagne, que l'on void sur son sepulcre dans l'Eglise de S. Thomas, ou des Religieux de l'Ordre des Predicateurs d'Auila, cette Princesse est appellée, Reine tres-pudique, & l'armoire & le cabinet de toutes les vertus. *Elizabeth Regina pudicißima, & omnium virtutum armarium.*

Gonzalo de Illescas dans le passage (que j'ay desia cité dans cette huitiéme & derniere Partie) l'appelle Reine tres-sainte, tres-Chrestienne, & veritablement Catholique. Il dit qu'aprés auoir banny les impies, & chassé les abominables sectes des Iuifs & des Maures de ses terres, elle gouuerna ses sujets auec vne si grande paix, tranquillité & justice, que l'on n'en auoit point veû de semblable durant les siecles que l'on appelle dorez. Il ajoûte qu'auec cette Reine ont esté inhumez l'honneur & la gloire des femmes Heroiques, que la renommée a renduës celebres & illustres;

que la beauté & la pudicité ou l'honnesteté (qui sont mortelles ennemies) furent toûjours chez elle en parfaite vnion & amitié plus que l'on n'auoit pas veû depuis quatorze cens ans: Et que la prudence, la force, la magnanimité, la deuotion, la sainteté, la grandeur de courage, & toutes les belles & les bonnes qualitez que l'on peut desirer en vne femme, se trouuoient toutes en elle, en vn tel degré & excellence, qu'il ne le peut pas s'imaginer, ni moins les rapporter selon son affection. Il finit son eloge par sa sobrieté, pour n'auoir point voulu boire de vin, dont elle fut loüée, & par son zele pour auoir trauaillé à maintenir l'obseruance reguliere dans les Cloistres & les Monasteres, & auoir reformé ces deux celebres Abbayes, S. Benoist le Royal de Valladolid, & la tres-deuote Maison de Nostre Dame de Montserrat, comme j'ay desia rapporté dans la sixiéme Partie.

Rara est concordia forma atque pudicitiæ.

Hieronymo Zurita Chroniqueur d'Arragon la louë pour ses vertus, dans le cinquiéme Liure de l'Histoire du Roy Dom Ferdinand, & rapporte comme elle fut regretée à sa mort par tous ses sujets; & dans le dixiéme & dernier Liure de l'Histoire de ce Prince, il remarque que tous les Grands de Caſtille firent paroiſtre de la joye & de la réjouïſſance à la mort de Ferdinand. Ainſi nous voyons par la confeſſion de cet Arragonois, que la Reine Iſabelle eſtoit mieux aimée des Caſtillans que le Roy ſon mari.

Iuſte Lipſe encherit par deſſus Gonzalo de Illeſcas, & Hieronymo Zurita, dans l'eloge qu'il a fait de cette parfaite Heroïne; au Liure premier de ſes Remarques & de ſes Exemples Politiques. La crainte de groſſir cette Hiſtoire ne me permet pas de le rapporter icy, & auſſi que ſes œuures ſe trouuent dans tous les Cabinets & les Bibliotheques des Sçauans & des Curieux. Ie diray ſeulement en paſſant, que je m'eſtonne comment ce grand homme ſi judicieux, & ſi ſçauant, & dont les doctes écrits m'ont toûjours eſté ſi chers & ſi precieux, s'eſt pû méprendre en vne choſe ſi manifeſte, qu'il ait dit dans cet Eloge que la Reine Iſabelle a acquis le Royaume de Nauarre à l'Eſpagne; puiſqu'il ne faut pas eſtre du monde, ou n'auoir point leu tous les Hiſtoriens François, Eſpagnols, & Partiſans d'Eſpagne, pour ignorer que Ferdinand oſta la Nauarre l'an mil cinq cens douze à Iean d'Albret & à ſa femme Ca-

Genebrardus. A. Feronius. Nicole Gille. Belleforeſt. du Haillan. I. A. Thuanus. Mariana. Zurita. P. Martyr Anglarenſis.

therine de Foix la legitime heritiere de ce Royaume-là durant le different du Pape Iules II. auec nostre Roy Louis XII. huit ans aprés la mort de nostre Isabelle sa premiere femme. Mathieu qui l'a suiui a fait cette beueuë sur le rapport de Lipse, qui est bien plus blasmable, ayant la qualité d'Historiographe de France.

VIII. Ie n'aurois iamais fait si ie voulois vous dire icy tous les eloges que luy ont donné les Ecriuains Espagnols, Flamans, ou sujets des Maisons d'Espagne & d'Austriche. Pierre Martyr, natif d'Anghiari au Milanez, qui fut son domestique (& qui est vn autre que l'heresiarque Pierre Martyr Vermilio, Florentin, Apostat de l'Ordre des Chanoines Reguliers) par vn excés de loüange qu'il luy attribuë, ne reconnoist entre toutes les femmes que la tres-sainte Vierge au dessus de cette Princesse. Ie rapporteray seulement quelques loüanges que nos Historiens François luy donnent; ils seront plustost creus que d'autres qui auroient esté ses sujets ou ses domestiques.

François de Beaucaire Euesque de Metz, de la noble & ancienne Maison de Peguillon en Bourbonnois, & Baron de la Creste, qui assista au Concile de Trente, luy donne cet eloge dans le x. Liure nombre xiv. de ses Memoires des affaires de France. *Sub huius anni finem fato functa est Elizabetha Hispaniarum Regina, vitæ integritate, prudentiâ, animi magnitudine, apud suos celeberrima.* Sur la fin de cette année (c'est à dire mil cinq cens quatre) est morte Elizabeth Reine des Espagnes, Princesse tres-celebre & de grande reputation parmi les siens pour l'integrité de sa vie, sa prudence, & la grandeur de son courage.

Henry de Sponde Euesque de Pamiez en Languedoc, qui ne l'a pas tousiours loüée, en parle neantmoins auec eloge dans le second Tome de ses Annales Ecclesiastiques sur l'année mil cinq cens quatre, où il traitte de la mort de cette Princesse. *Femina nulli prudentiâ & magnitudine animi secunda, honestissimisque moribus prædita. Cui Consaluum, Canarias, nouum orbem, eiectos Mauros, & hanc magnitudinem suam Hispania maxima parte debet. Maritum enim suum, etsi virum magnum, tamen haud æquè altum aut splendidum ad illustria illa facta impellebat leuiter ac ducebat.* Femme qui ne cedoit à pas vne autre en prudence, & en grandeur de courage, & dont

les

les mœurs estoient tres-honnestes. A qui l'Espagne doit presque toute sa reputation à cause du grand Gonsalue, des Isles Canaries, de la découuerte du nouueau monde, de l'extermination des Maures, & pour auoir porté adroitement à ces illustres entreprises le Roy son mari, grand homme & Prince d'esprit, mais qui n'estoit pas si genereux & si magnifique que cette Princesse.

Iaques Auguste de Thou Conseiller du Roy en ses Conseils, & Grand President au Parlement de Paris, dans le Liure quarante-huitiéme de l'Histoire de son temps, parlant de la reuolte des Grenadins, & des démeslez qu'ont souuent eu les Castillans auec ces Infideles, il dit, *Vario euentu diu inter eos pugnatum fuit, vsque ad Ferdinandum Arragonium & Isabellam Castellensem, qui reliquias abominandæ sectæ tota Hispania aboleuerunt, Granatensi regno, quod solum ex tot victoriis superabat, armorum vi in potestatem redacto.* Ainsi ils firent longtemps la guerre auec diuers succez, jusqu'à Ferdinand d'Arragon & Isabelle de Castille, qui étoufferent dans toute l'Espagne, les restes de cette secte abominable, pour la reduction du Royaume de

Grenade, qui leur restoit seul de tant de victoires.

Pierre Seigneur de Branthosme, Cheualier de l'Ordre du Roy, Gentilhomme de l'ancienne & illustre Maison de Bourdeille (qui a donné à l'Eglise des Cardidinaux eminens en sainteté, & à l'Estat des Cheualiers des deux Ordres, & des Gouuerneurs de Prouinces) parle en ces termes de cette Parfaite Heroïne, dans l'Eloge manuscrit de nostre Reine Anne de Bretagne. *De son temps & regne regnoit cette grande & sage Reine Isabelle de Castille bien accordante en mœurs auec nostre Reine Anne, aussi elles s'entr'aimoient fort, & se visitoient souuent par ambassades, lettres & presens, & c'est ainsi que la vertu recherche tousiours la vertu.*

Le fidele seruiteur & Secretaire de Pierre de Terrail Seigneur de Bayard dans le Chapitre vingt-sixiéme de l'Histoire de ce Heros, dit le Cheualier sans peur & sans reproche, parle de cette Reine comme d'vne Princesse tres-vertueuse & tres-illustre en ces termes. *L'an mil cinq cens six* (pour mil cinq cens quatre, ou mil cinq cens cinq) *vne des plus triomphantes & glorieuses Dames, qui depuis mille ans ait esté sur la terre, alla de vie à trespas; ce fut la Reine Isabelle de Castille qui aida le bras armé à conquester le Royaume de Grenade sur les Maures, & prit prisonniers les enfans du Roy qui occupoit ledit Royaume, lesquels elle fit baptiser, & a merité une couronne de laurier aprés sa mort.*

Louis de Mayerne, dit Turquet, Lyonnois, qui faisoit profession de la Religion Pretenduë Reformée, & qui ne parle pas tousiours dans ses œuures auec tout le respect que l'on doit aux Rois & aux Reines, est contraint neantmoins pressé par la verité, de luy donner plusieurs loüanges, comme il se void dans les Liures vingt & vn, vingt-deux, vingt-trois, vingt-quatre & vingt-cinq de son Histoire d'Espagne : mais particulierement dans le dernier il dit, *qu'elle estoit vne Princesse doüée de grandes vertus, qui peuuent couurir quelques excez d'ambition, & autres imperfections d'icelle : notamment fut de grand zele en la Religion, chaste, liberale & humaine.*

Celuy qui a abregé l'Histoire d'Espagne luy donne les mesmes vertus, sans la taxer d'ambition ni d'autre imperfection.

Pierre Mathieu Conseiller & Historiographe des Rois Henry le Grand, & Louis le Iuste, louë dans les Liures sept & huit de l'Histoire de Louis XI. la Reine Isabelle de Castille pour ses vertus, où aprés auoir parlé du differend qu'elle eut auec son mari pour la succession du Royaume de Castille, à qui elle fut preferée par les Iuges & les Arbitres, il dit, *que le iugement duquel Ferdinand n'estoit pas content, estoit fondé sur les grandes vertus d'Isabelle, vne autre Zenobie d'Espagne, & qui ne respirant rien que de grand & de genereux, grande iusticiere s'il y en fut jamais, & inexorable aux rebellions, rendit la Cour d'Espagne vne vraye Academie d'honneur, & de vertu, de laquelle sortit Consalue le grand Capitaine. Ses conseils estoient suiuis comme oracle, & souuent son mari & les Grands du Royaume ayant éprouué que rien ne se faisoit de grand s'il n'estoit approuué de son aduis, ne disputoient jamais contre ce qu'elle auoit deliberé. C'est elle qui fit & acheua la guerre de Portugal, chassa les Maures de Grenade,* ajoûta le Royaume de Nauarre à celuy de Castille, *& donna moyen à Christophle Colomb de découurir les terres neufues. On la louë aussi d'vne grande & constante pieté, d'vne admirable continence & sobrieté, n'ayant jamais beu de vin. Elle aima les gens sçauans, &*

Mathieu se trompe.

se delecta en la connoissance de la langue Latine. Toute courageuse aux aduersitez de l'esprit, car estant au traité du mariage de sa fille auec le Roy Emanuel de Portugal, comme on luy apporta la mort de son fils vnique, elle ne cessa de poursuiure retenant la douleur, jusqu'à ce qu'Emanuel en fut aduerti par d'autres. Toute constante aux douleurs du corps, car elle faisoit ses enfans sans se plaindre & sans crier.

Sceuole & Louis de Sainte-Marthe, Aduocats en la Cour de Parlement, & Historiographes du Roy, appellent cette Reine Isabelle de Castille, femme du Roy d'Arragon Ferdinand V. *Princesse Magnanime*, dans le Liure quarante-deuxiéme de leur Histoire Genealogique de la Royale Maison de France.

Voicy l'Eloge que luy donne Michel Baudier, natif de Languedoc, Gentilhomme de la Maison du Roy, Conseiller & Historiographe de sa Majesté, sur la fin du Chapitre quatriéme de l'Histoire du Cardinal Ximenés grand Ministre d'Estat en Espagne. *Cette mesme année qu'on comptoit mille cinq cens & cinq, l'Espagne souffrit vne notable perte par la mort de la Reine Isabelle, Princesse des plus illustres de son siecle, qui auoit ajoûté à sa naissance Royale, les acquisitions des grandes vertus, dont elle portoit aussi dignement les Couronnes, que legitimement le Diadéme d'Espagne, Princesse sçauante, pieuse, genereuse au delà des qualitez de son sexe.*

Gabriel du Preau, natif de Marcoussis, Docteur en Theologie de la sacrée Faculté de Paris, de la Maison Royale de Nauarre, & Curé de Sainct Sauueur à Perrone, l'appelle dans le second Tome de ses Annales Ecclesiastiques, ou de l'estat & succés de l'Eglise, *femme de force & de vertu, & aimant la Iustice.*

IX. François de Gonzague de la tres-illustre Maison de Mantouë, qui fut Euesque de cette ville-là : Marc de Lisbonne Euesque de Porto, & tous les autres illustres Historiens de l'Ordre Seraphique, & plusieurs autres Ecriuains de deuotion & de pieté, luy donnent mille loüanges pour ses rares & extraordinaires vertus. Il est vray que l'on peut dire d'elle sans flatterie, qu'elle fut l'vne des plus sages & des plus vertueuses Princesses qui ayent jamais vécu. Ses excellentes qualitez furent admirées non seulement de toute la Castille, & de l'Arragon dont elle estoit souueraine ; mais aussi les François, les Flamans & les Anglois en parlent auec estonnement : & les Indiens qui n'auoient fait aucune plainte contre la cruauté des Espagnols sous le regne de cette Princesse, témoignerent aprés sa mort par mille seditions, l'estime qu'ils faisoient de sa vertu, & le bon ordre qu'elle apportoit à la conqueste de ces nouuelles terres : en sorte que je ne seray point repris si j'auance que quand elle n'auroit pas eu les Couronnes de Castille, d'Arragon, & de Grenade, sa vertu l'auroit couronnée d'vne couronne bien plus glorieuse & plus illustre. Car comme il est plus auantageux de meriter vn sceptre, que de le porter, il est plus glorieux à nostre Isabelle de s'estre renduë digne des Royaumes qu'elle a gouuernez, que de les auoir heritez de ses peres, & de les auoir conquis par les armes. Nous voyons dans nos Histoires, qu'il y a plusieurs Princesses qui ont eu quelques belles qualitez : mais elles ressembloient à ces forteresses qui ne sont imprenables que par vn endroit, le reste est foible & ne se peut defendre. Mais on peut dire de la pieuse Isabelle, ce que Pline a dit de Traian, que sa vertu n'est pas semblable à celle des autres femmes, qu'il ne s'en est

Nemo adhuc extitit, cujus virtutes nullo vitiorum confinio læderentur.

point veû dont la vertu ait esté si parfaite, qu'on ne l'ait point soupçonnée de defaut. Souuent les debonnaires ont esté lâches ou timides; les exactes ont esté ou trop seueres ou cruelles; les courageuses ont eu de l'emportement & de la temerité; il ne s'en trouue point à qui le vice n'ait donné quelque atteinte: il y en a peu qui ait esté aussi generalement loüée comme nostre Isabelle. Elle auoit de la douceur & de la Majesté tout ensemble; du jugement, & de la vigueur; de la promptitude & de la patience; de l'adresse & de la sincerité; de la puissance & de la modestie; de la beauté & de la pudicité. Ie puis luy donner encore des loüanges plus Chrestiennes, c'est qu'elle auoit vne sagesse du Ciel, & non pas vne sagesse corrompuë, ou vne prudence reprouuée que Dieu menace de punition. Car sa prudence n'estoit point vne prudence separée de la probité; ce n'estoit point vne prudence inhumaine. Iamais femme n'eut vn meilleur naturel, jamais plus de tendresse pour les siens, & pour tous les gens de bien & de merite; jamais plus d'inclination à bien faire. Quand elle faisoit des liberalitez aux honnestes gens, elle disoit, mais bien de meilleure grace que l'Empereur Gratian, *qu'elle s'acquitoit de ses debtes.* Qu'on ne demande plus comment il a esté possible qu'vne femme ait gouuerné tant de peuples de si differentes humeurs, & comment elle a pû demeurer si ferme sur vne mer où il y a tant d'écueils, tant de monstres & de tempestes, & où l'on void si peu de Pilotes voguer heureusement. Voicy la cause de cette nauigation triomphante, voicy ce qui a attaché si fortement ses ancres bienheureuses au fond d'vne mer, où tant d'autres on trouué du sable mouuant. C'est que comme vn sçauant Pilote, elle n'a regardé que le Pole, & ne s'est reglée que par sa lumiere. Autrefois les Nochers ne voguoient qu'à l'aspect de quelques montagnes, mais souuent ils se trompoient: il ne faloit qu'vn nuage pour leur oster la veuë de leurs caps. Ie veux dire qu'aux siecles qui ont precedé nostre Parfaite Heroine, l'intention de la plusspart des Reines & des Princesses qui ont gouuerné des Royaumes n'estoit pas si pure, elles ne regardoient que la terre, & quelques grandeurs mondaines leur seruoient d'astres & de guides. Mais nostre Isabelle n'a regardé que le Ciel, n'ayant que l'honneur de Dieu & de son Eglise, & le bien public de ses sujets deuant les yeux. C'estoit l'estoille fixe qui luy a serui de regle. C'estoit sa Tramontane & son Pole. Elle combattoit par les armes de ses larmes, & il se peut dire que ses vœux & ses prieres arrachoient la victoire du Ciel durant la guerre de Grenade. Car j'ay appris de Gonzalo de Illescas dans le Chapitre dix-neuf du Liure sixiéme de son Histoire Pontificale, où il dit, que durant les guerres, & quand elle vouloit commencer quelque affaire d'importance, elle imploroit la faueur du Ciel, & auoit recours à Dieu, en qui elle mettoit toute son esperance & sa confiance. Elle faisoit ordinairement des vœux de bastir des Eglises, de deliurer des prisonniers, & de racheter des captifs, de faire de neufuaines, de marier de pauures filles orphelines, de faire des pelerinages, dont elle s'acquitoit religieusement & fidelement auec religion, deuotion & fidelité. Et durant sa vie elle a fait des merueilles par sa sage conduite, & durant la paix & durant la guerre. C'est ce qui obligea Lipse à finir son Eloge en ces termes: *Salue, salue Heroïna priscis par aut major: & in qua jure claudam exempla fœminei boni imperii, quid enim tale addam.* O Dieu,

Heroïne, qui auez non seulement égalé, mais surpassé toutes les Dames Illustres, anciennes & modernes, & par laquelle je finiray les exemples du bon gouuernement des femmes. Car que puis-je ajoûter, ou dire dauantage aprés cet Homme illustre, si je n'ajoûte qu'Isabelle de Castille Reine d'Espagne n'eût jamais sa pareille depuis qu'il y a des hommes.

FIN.

TABLE DES MATIERES.

A

ALAMBRA ou Alhambra, la principale forteresse de Grenade. 82. 83. Mahumet Boabdelem s'y retire pour éuiter la fureur des Mores seditieux. 90. en presente les clefs à Isabelle & à Ferdinand. *là mesme*. Ce Roy & cette Reine y font leur entrée. 91. Le corps de la Reine Isabelle y est mis en depost. 184

Alexandre VI. donne le titre de Catholique à Ferdinand Roy d'Espagne. 97

Albuquerque Duc. *Voyez* Bertran de la Cueua.

Alonso Sanchez a découuert le nouueau monde selon le rapport des Historiens Espagnols. 114. 125. 126. 127. 128. 129

Alfonse Prince de Castille, second fils de Iean II. Roy de Castille, aimé de son pere. 14. est nommé Roy par les rebelles. 15. meurt de peste estant jeune. 16. 17. son Gouuerneur. 50

Alfonse V. dit l'Africain, Roy de Portugal, recherche en mariage l'Infante Isabelle sœur de Henry IV. Roy de Castille. 22. épouse ou fiance Ieanne fille supposée de ce Prince. 37. 38. se dit Roy de Castille. 38. 39. ses partizans en Castille. 39. 40. entre dans ce Royaume-là. 40. 41. 44. 47. sa réponse aux demandes de Ferdinand. 45. parle de s'accorder. 48. se fait reconnoistre Roy de Castille & secourt le Chasteau de Burgos. 50. se prepare au combat. 52. 53. est vaincu par Ferdinand. 54. vient en France sans rien obtenir. 54. 55. reçoit de la consolation de son fils à son retour de Portugal 55. fait empoisonner sa sœur Ieanne Reine de Castille. 56 fait sa paix auec Isabelle & Ferdinand. 58. 59. 60. meurt à Cintra. 63. ses femmes. 64. 65. ses conquestes. 64

Alfonse Prince de Portugal, fils du Roy Iean II. & petit fils d'Alfonse V. épouse la fille aisnée d'Isabelle Reine de Castille. 49. 60. 80. la mort funeste de ce Prince vertueux. 161

Alfonse Carille Archeuesque de Tolede, chef des seditieux & coniurez. 15. 16 17. marie Isabelle de Castille à Ferdinand contre la volonté de Henry Roy de Castille. 22. 23. homme turbulent & fourbe. *Voyez* Archeuesque de Tolede.

Alfonse IX. Roy de Castille, pere de la Reine Blanche, défait le Miramolin. 7. 8

Æthiopien courier, qui par son yurognerie trompe François Ximenés. 145. 146

Ambassadeurs de Louis XI. Roy de France en Castille. 22. 23. 24. de Ferdinand & d'Isabelle en Portugal. 63

Amerique découuerte par vn Florentin. 140

André ou Antoine de Cabrera mari de Beatrix de Bobadilla entreprend de tuer Piere Giron, que Henry Roy de Castille vouloit marier à sa sœur l'Infante Isabelle. 21. donne à souper dans Segouie au Roy Henry, & aux Princes Ferdinand & Isabelle. 28. 29. Gouuerneur du Chasteau de Segouie. 46

Anne d'Austriche ou d'Espagne, mere du Roy, & la mere de la paix. 7. ses vertus. *là mesme.*

Anne de Bretagne Reine de France amie d'Elizabet ou Isabelle Reine d'Espagne. 194

Antipathie des Castillans & des Portugais. 163. 164

Arragon 2. Royaume d'Espagne reüni à celuy de Castille par le mariage de Ferdinand & d'Isabelle. 67. Arragonois ne pouuoient pas aller aux Indes sans la permission de la Reine Isabelle. 122

Auila ville partizane des Confederez contre Henry IV. Roy de Castille. 15. 18

Archeuesque de Tolede de la mason de Carille, homme turbulent. 15. 16. quitte le parti de la Reine Isabelle. 40

Articles de la Paix entre la Castille & le Portugal. 58. 59

Artus Prince de Galles, marié à Catherine fille de Ferdinand & d'Isabelle. 170

Aumosnes & liberalitez de la Reine Isabelle 81. 149. 150. 151. 154

Areualo. *Voyez* Duc d'Areualo & Estuniga.

Auteurs & celebres Ecriuains qui sont les Panegyristes d'Isabelle de Castille Reine d'Espagne. 4. 185. 186. 187. 188. 189. 190. 191. 192. 193. *& suiuantes.*

Auteurs qui ont appellé Ieanne fille supposée de Henry

IV. Roy de Castille la Bertaneia. 25.26

B

BAPTESME des Indiens à Barcelonne. 120
Barthelemy Colomb Adelantado, frere de Christofle. 121. n'est pas bien receu à la Cour de l'Anglois & du Portugais. 136
Beatrix de Bouadilla, Dame d'honneur, & fidele amie d'Isabelle de Castille Reine d'Espagne. 21. va déguisée en paysane pour faire venir cette Princesse à Segouie. 27 est en danger de sa vie durant le siege de Malaga. 74
Beatrix de Portugal, tante maternelle de la Reine Isabelle, fait la paix entre la Castille & le Portugal. 58.60
Beatrix de Sylua fondatrice de l'ordre de la Conception. 152. 153. 154
Beaucaire Euesque de Mets. 26. loüe la Reine Isabelle. 192
Benedictions & ceremonies que faisoient les Euesques quand ils entroient dans les Mosquées & les villes prises sur les Mores. 77.78
Bernard Buil le premier Vicaire du Pape aux Indes. 138
Bertrand de la Cueua estimé le pere de Ieanne de Castille femme d'Alfonse Roy de Portugal. 25. 26. 40. quitte son parti, & suit celuy de la Reine Isabelle. 43
Bertrand du Guesclin en Espagne. 10
Bethancourt Roy des Canaries, Gentilhomme François, conqueste les Isles fortunées. 73. 133. 134. 135
Blanche de Bourbon Reine de Castille, Princesse vertueuse: son eloge. 10
Blanche de Castille Reine de France, tres-vertueuse Princesse: son eloge. 7. 8, 9
Blanche de Nauarre premiere femme de Henry IV. Roy de Castille, se retire en Bearn. 41
Boabdelen, dit le Petit, rend Grenade. *Voyez* Maures.
Bourbon, Louis Duc de Bourbon assiste Henry II. Roy de Castille. 10
Burgos ville de Castille obeït à Henry IV. Roy de Castille. 28. les habitans reduits en vn pitoyable estat. 49. se rend à la Reine Isabelle, & quitte le parti de Ieanne & du Portugais. 51. cette Reine donne les ordres pour la conseruation de cette ville. 52

C

CANARIES, Isles conquises par Bethancour Gentilhomme François. 73 134. 135. par deux Capitaines Espagnols 73

Cardinal d'Alby Ambassadeur de France en Castille pour le mariage de Charles Duc de Guyenne. 22. 23. 24

Cardinal de Tolede assiste à la procession generale pour le bannissement des Maurisques. 107

Cardinal de Mendoça. *Voyez* Pierre Gonzales.

Cardinaux contraires au Pape Alexandre VI. en faueur de la France & de nos Rois. 101

Cardinal Ximenés. *Voyez* François & Ximenés

Castille 1. Royaume d'Espagne, dont Isabelle est heritiere. 18. 19. 20. 34. 35. 36. 37. 43. & le Prince Iean son fils vnique. 56 la Princesse Isabelle sa fille aisnée, & le Prince Michel, & depuis sa fille Ieanne Archiduchesse. *Voyez* Arragon. Ce Royaume fecond en vertueuses Reines & Princesses. 6. 7. 8. 9

Capitaines Castillans au siege de Grenade. 83. 84

Charles Duc de Bourgongne est visité par Alfonse Roy de Portugal. 55

Charles de France Duc de Guyenne, demande en mariage Isabelle de Castille. 22. 23. fiance Ieanne fille de Henry Roy de Castille. 23. 24. a recherché Marie fille vnique & heritiere de Charles Duc de Bourgongne. 26. sa mort. 24

Charles Prince de Viane celebre dans l'Histoire. 57

Charles V. Empereur, sa naissance. 169. il lisoit souuent les Memoires de Comines. 101

Christofle Colomb Genois, fameux Pilote. 6. 95. 112. 113. se presente aux Rois d'Angleterre & de Portugal, à des Princes & à des Republiques, qui l'éconduisent & se mocquent de luy. 114. 136. & aussi Ferdinand V. Roy d'Espagne. 113. 135. 136. 137. la Reine Isabelle l'écoute & l'assiste. 95. 113. 114. 115. 121. 122. 136. 137. il découure le nouueau monde par le moyen de la liberalité de cette Heroïne. 114. 115. 116. 121. 122. 135. 136. 137. amene des Indiens à Barcelonne & les fait baptiser. 120. honneurs qu'il receut à la Cour des Rois Catholiques. 120. 121. les Courtisans enuieux de sa gloire. 122. 123. & quelques Ecriuains Espagnols. 124. 125. 127. 128. 129. 130. 131. prend possession des Indes au nom d'Isabelle & de Ferdinand. 119. 120. nomme Isabelle la premiere ville qu'il fit bastir dans les Indes. 122. se mocque des Courtisans qui le vouloient

mépriser. 122. 123. est grand Admiral des Indes. 121
Comines. *Voyez* Philippe.
Conseils & aduis de la Reine Isabelle suiuis. 196
Conception. *Voyez* Ordre de la Conception, & Beatrix de Silua.
Confederez ou rebelles contre Henry Roy de Castille. 15. 16. 18
Cordeliers preschent la Foy dans le nouueau monde. 138. *Voyez* Martin de Valence. La Reine Isabelle leur donne des Conuents dans l'Espagne, & dans les Indes. 150. fait des aumosnes à celuy du S. Sepulcre. 81
Courtisans de Castille & d'Arragon enuieux de la gloire de Colomb. 122. 123. l'auoient méprisé auant la découuerte des Indes. 115
Cour de la Reine Isabelle, seminaire de pieté & de pureté. 141. 142

D

Dames de la Cour de la Reine Elizabet plus vertueuses que belles. 142
Deputez de Castille mal receus par le Pape Paul II. 16
Description des villes de Malaga. 73. 75. de Grenade. 82. 83. 84. 90. 91. 92
Deuise de Christofle Colomb. 121
Diego de Ribera Gouuerneur d'Alfonse frere de la Reine Isabelle. 51
Differend entre Elizabet de Castille & Ferdinand son mari pour les Royaumes de Castille & de Leon. 34. 35. 36. 37.
Dispense du Pape Sixte IV. pour le mariage de Ferdinand & d'Isabelle. 25
Diuision entre les Rois Maures de Grenade. 71
S. Dominique Fondateur des Predicateurs ou Iacobins. 102. Isle dite de S. Dominique. 126
Dons & liberalitez de la Reine Isabelle. *Voyez* Aumosnes & liberalitez.
Drapeaux benits par les Euesques, que l'on mettoit sur les principales Tours des villes prises sur les Maures. 77. 78. 91
Duc d'Areualo partisan d'Alfonse & de Ieanne contre la Reine Isabelle. 40. 41. 46. 47. 49. quitte le Portugais, & sert fidelement Isabelle. 52. 53

E

Eloges de la Reine Blanche. 7. 8. 9
Eloges que plusieurs illustres Ecriuains ont fait d'Isabelle R. d'Espag. 185. 186. 187. 188. 189. 190. 191. *& suiuantes.*

Eli-

Elizabet de Castille Reine d'Espagne. 9.13. 33. 34. 35. 36. 37. Fait la paix auec le Portugais. 58. 59. 60. 61. 62. elle prend le titre de Reine d'Espagne, & chasse les Maures de Grenade. 65. 67. 68 69. *& suiuantes*. establit l'Inquisition. 102. 103. assiste puissamment Colomb en la découuerte du nouueau monde. 112. 113. 114. 115. 136. 137. met vn bon ordre en sa Cour. 141. 142

Epitaphe d'Isabelle & de Ferdinand. 185

Espagne doit sa grandeur à la Reine Elizabet ou Isabelle. 9. 192. 197. a esté feconde en Reines Illustres & Heroïnes. 7. 8. 9. 10. 36

Espagnols renommez depuis la prise de Grenade. 92. 93. & la découuerte des Indes Occidentales. 119. 120. 122

maison d'Estuniga illustre en Espagne. 52. 53

F

FERDINAND Prince d'Arragon, recherche en mariage Isabelle Princesse de Castille. 22. il l'épouse estãt plus jeune qu'elle. *là mesme*. prend le titre de Roy de Sicile par l'ordre de son pere Iean Roy d'Arragon. 23. Henry Roy de Castille mécontent de ce mariage. *là mesme*. Ferdinand & Isabelle demandent depuis la dispense pour ce mariage à Sixte IV. 25. va à Segouie saluër Henry Roy de Castille. 28. son differend auec Isabelle sa femme pour le Royaume de Castille. 34. 35. 36. appaisé par la prudence de cette Reine. 37. prend la qualité de Roy de Portugal. 38. s'oppose aux desseins d'Alfonse Roy de Portugal & des Castillans partizans du Portugais, 39. 40. 42. 43. se met en campagne. 44. 45. se retire des enuirons de Toro contre le gré des soldats. 45. 46. donne du secours aux habitans de Burgos. 49. 50. veut terminer son differend auec le Portugais par vne bataille. 52. 53. vainc Alfonse. 54. fait declarer Iean son fils vnique Prince de Castille. 56. succede à la Couronne d'Arragon au Roy Iean son pere. 57. reçoit de la joye pour la nouuelle de la paix, & de la naissance de sa seconde fille. 60. 61. prend la resolution auec Isabelle de conquerir le Royaume de Grenade. 68. 69 70. est en danger de sa vie. 71. assiege Malaga, & le prend. 73. 75. appaise les troubles du Royaume d'Arragon. 75.

76. déloge des villes les Mahumetans. 80. assiege Grenade. 80. 81. 84. méprise les menaces du Soldan d'Egypte, & les prieres du Roy de Naples. 81. bastit le fort de Sainte Foy. 84. 85. reçoit du secours des Papes Sixte IV. & Innocent VIII. 85. 86. éteint genereusement le feu qui brûloit les tentes de son armée. 88. entre dans Grenade. 89. 90. 92. chasse les Maures & les Iuifs de ses Royaumes. 96. le Pape luy donne le titre de Catholique. 97. 99. 101. appuye & autorise l'Inquisition. 104. n'assiste pas Colomb en sa belle entreprise. 113. 121. 122. donne des armoiries à Colomb. 121. estoit vn Prince de complexion amoureuse, & donne de la jalousie à la Reine sa femme. 141. 142. 185. 186. elle chasse de sa Cour les Dames que ce Prince aimoit. 141. 142. elle le declare par son testament administrateur de Castille. 173. 181. 182. il est mal auec son gendre l'Archiduc Philippe. *là mesme.* il enuahit Naples & Nauarre. 4. 5. 190. 191. 196. meurt d'vn breuuage amoureux. 184. son epitaphe. 185.

Ferdinand I. Empereur naist à Alcala de Henares. 168. 169. est nommé Ferdinand par le Roy Ferdinand V. son ayeul paternel. 169

Ferdinand Talauera Religieux de l'Ordre de S. Hierosme, depuis Euesque d'Auila, & premier Archeuesque de Grenade. 72. plante la Croix sur les Tours de cette ville-là, & fait les prieres. 91. presente Colomb à la Reine Isabelle. 113. appaise auec Ximenés la reuolte des Maures Grenadins. 145

Ferdinand Gonzales de Cordoüa. *Voyez* Gonzales.

France premier Royaume de la Chrestienté. 98. 99. 100

S. François de Paule predit à Ferdinand & à Isabelle, qu'ils emporteroient Malaga sur les Mores. 74. 75

François de Beaucaire. *Voyez* Beaucaire.

François Ximenés choisi Confesseur par la Reine Isabelle. 243. *Voyez* Ximenés.

François excellens canoniers au siege de Grenade. 86. ont fait Chrestiennes les Canaries. 134. 135 ont secouru les Castillans contre Pierre dit le Cruel. 10.

G

Garcilasso de la Vega oste adroitement la gloire à Colomb d'auoir découuert le nouueau monde. 124. 125. 126. *& suiuantes.*

Pierre Gonzales Cardinal de Mendoça ou d'Espagne. *Voyez* Pierre Gonzales.

Gonçales Ferdinand de Cordoüa honoré par Isabelle, & mal traité par Ferdinand. 5. dit le grand Capitaine. 5. 71. Gouuerneur d'Illora. 71. dresse les articles de la capitulation de la ville de Grenade. 89

Grenade Royaume occupé huit cens ans par les Maures. 67. est osté à ces Infideles par la valeur & la prudence de la Reine Isabelle, & du Roy Ferdinand son mari. 70. 71. 72. 73. 74. 78. 79. 82. 84. 86

Grenade ville capitale de ce Royaume-là, est assiegée & contrainte de se rendre à leurs Maiestez. 81. 82. 83. 84. 85. 87. 88. 89. 90. 91. 92

Grenadins des montagnes reuoltez, & appaisez par Ximenés, & Ferdinand Talauera. 145. 146. 147

H

HENRY le Grand loüé. 149

Henry II. Roy de Castille, reçoit du secours de Charles V. Roy de France, contre le Roy Pierre son frere, 10

Henry III. Roy de Castille, Prince vertueux & maladif. 6. 10. sous son regne Bethancourt François conqueste les Canaries. 73

Henry IV. Roy de Castille succede à Iean II. son pere. 14. ses sujets se reuoltent contre luy. 15. 16. quelques-vns retournent à son seruice, & d'autres demeurent en leur rebellion. 16. 17. 18. son Conseil partagé pour la succession du Royaume. 19. sa sœur Isabelle se marie contre son gré, & il la desherite. 22. 23. il marie Ieanne de Castille sa fille au Duc de Guyenne. 24. 25. il la veut marier à l'Infant Fortuné. 26. il la fait reconnoistre Princesse de Castille. 23. veut marier sa sœur l'Infante Isabelle à vn Gentilhomme. 21. void cette Princesse à Segouie. 27. 28. 29. tombe malade à vn festin, & meurt depuis à Madrid. 29. 30. 32. diuers jugemens sur sa mort. 29. 30. & s'il a testé. 33. 34. dit des vns l'Impuissant, & par d'autres le Liberal. 14

Henry l'Infant Fortuné. 26

Henry VII. Roy d'Angleterre éconduit Colomb & son frere. 114. 136

Henry VIII. son fils épouse Catherine fille de Ferdinand & d'Isabelle. 170

Henry de Sponde Euesque de

Pamiés. 78. 85. 86. 91. 92. 97. a fait l'eloge de la Reine Isabelle. 192
Hermandat. 102
Hospital de la Reine Isabelle dans ses armées. 79. 86. Hospitaux bastis & fondez par cette Reine. 149. 151

I

Iacobins Inquisiteurs en Espagne. 102. 103. 108. leur seuerité contre les Albigeois. 103
Iean Prince d'Espagne fils vnique de la Reine Isabelle, est enterré dans l'Eglise de leur Conuent de Seuille. 151. Conuens de cet Ordre fondez par Isabelle. *là-mesme.*
Ialousie de la Reine Isabelle pour les Indes en faueur des Castillans. 122
Ialousie de cette Reine pour les galanteries de son mari Ferdinand. 141. 142
Ialousie de sa fille la Reine Ieanne pour celles de son mari le Roy Philippe I. 171. 172. 176.
Iean II. Roy d'Arragon, pere de Ferdinand V. mari de la Reine Isabelle. 22. 35. est le parrain de son petit fils Iean Prince d'Espagne. 56. meurt âgé de quatre-vingts ans. 57
Iean Prince des Asturies & de Girone ou d'Espagne, sa naissance. 56. Prince de grande esperance. 57. est reconnu heritier de Castille. 56. entre dans Grenade. 90. meurt auec le regret de Ferdinand & d'Isabelle, & de tous les Espagnols. 159. 160. 161. a esté le Parrain des Indiens. 120. auoit épousé Marguerite d'Austriche. 158. 159. 166
Iean d'Estuniga incommode les habitans de Burgos. 49
Iean Mariana. *Voyez* Mariana.
Iean II. Roy de Portugal *Voyez* Portugal.
Iean de Sarmiento donne auis au Portugais du peril où estoit le Chasteau de Burgos. 49. 50
Ieanne d'Albret Reine de Nauarre, son courage quand elle accoucha du Roy Henry le Grand. 148. 149
Ieanne de Castille fille de Henry IV. Roy de Castille. 23. 38. quelques-vns disent qu'elle estoit supposée. 25. 34. 41. 43. 56. elle est declarée heritiere de Castille par Henry. 20. 23. 33. est fiancée à Charles Duc de Guyenne. 23. 24. 25. épouse ou fiance Alfonse Roy de Portugal son oncle. 37. 38. querelle la Castille à la Reine Isabelle. 34. 38. 42. 44. est donnée en ostage pour la paix entre les Castillans & les

Portugais. 59. 60. demeure sans couronne. 62. est appellée l'excellente Dame. 63. se rend religieuse & méprise l'alliance de Ferdinand & d'Isabelle. 62. 63. ses bonnes qualitez. 63. 65

Ieanne de Castille ou d'Arragon Reine d'Espagne, sa naissance. 61. donne de la joye à Ferdinand & à Isabelle. 61. 62. ils l'appellent mere. *là mesme.* assiste le Roy & la Reine sa mere, quand le feu se mit dans les tentes de l'armée Royale durant le siege de Grenade. 88. est heritiere de Castille & d'Arragon aprés la mort de Michel son neueu Prince de Portugal. 166. mariée à Philippe d'Austriche, & reçoit beaucoup d'honneur en France & en Espagne. 158. 159. 166. 167. 168. ses enfans. 166. 169. sa jalousie pour ce beau Prince; laquelle interesse sa santé. 171. 172. 175. l'amour extréme qu'elle luy a porté aprés sa mort. 172

Ieanne de Portugal 2. femme de Henry IV. Roy de Castille, ses mœurs & sa mauuaise conduite. 25. 26. 41. meurt à Madrid de poison. 55. 56

Ieanne de Portugal belle & & sainte Princesse. 60

Illora ville prise sur les Mores. 71

Indes Occidentales découuertes par l'industrie de Colomb, & la liberalité de la Reine Isabelle. 6. 112. 113 114. 115. 116. 121. 122. 123 135. 136. 137. Colomb en prend possession au nom d'Isabelle & de Ferdinand. 119

Indiens baptisez, qui ont pour parrains Ferdinand, Isabelle, & le Prince Iean leur fils vnique. 120. viuent en paix durant la vie de la Reine Isabelle. 199

Inquisition établie par Ferdinand & Isabelle. 70. 101. 102. 103. ils l'autorisent puissamment. 104. a serui en Espagne contre le Lutheranisme & le Caluinisme. *là mesme.* sans l'Inquisition les Maures eussent causé de grands maux en ce Royaume-là. 107. les Tribunaux de la Hermendat, & de la Croisade, ont maintenu celuy de l'Inquisition. 102. Iean Gardiola appelle l'Inquisition *le Bouclier de l'Estat.* 70. *Voyez* Iudaisme.

Isabelle de Castille Reine d'Espagne, plus genereuse que son mari, quoy que Prince excellent & plein d'esprit. 4. 5. 6. sa noblesse paternelle & maternelle. 9. 10. 11. 12. sa naissance. 13. perd le Roy Iean II. son

pere à l'âge de trois ans. 13.
14. est éleuée à la pieté par
la Reine. 15. est peu affe-
ctionnée par son frere Henry IV. Roy de Castille. 14.
21. 23. refuse les offres des
rebelles qui luy presen-
toient la Couronne de Ca-
stille. 17. est proclamée heritiere de Castille. 19. 20. 21.
refuse le mariage d'vn Gentilhomme. 21. est bien ser-
uie par Beatrix de Bouadilla. 21. 27. épouse Ferdinand
d'Arragon contre le gré du
Roy son frere qui la desherite. 23. 33. accouche de sa fille aisnée. 25. s'abouche auec
le Roy son frere à Segouie.
27. ses ennemis la veulent
faire sortir de Segouie. 28.
elle éuite leurs mauuais desseins. 33. succede au Roy son
frere. 33. 34. son differend
auec Ferdinand son mari,
pour la succession de Ca-
stille. 34. 35. 36. ce trouble
domestique est appaisé par
sa prudence. 36. 37. Elle s'oppose tout de bon à Alfonse
Roy de Portugal, qui auoit
épousé ou fiancé Ieanne fille
supposée du Roy son frere.
37. 38. 39. elle ne s'estonne
pas de voir le Portugais
dans la Castille. 40. 41. 42.
ses raisons & ses remon-
strances au Portugais. *là
mesme*. Elle se sert des armes, voyant que les remonstrances estoient inutiles.
42. son courage, sa gene-
rosité & sa prudence durant
cette guerre. 42. 43. 44. 46.
48. 49. 50. 51. 53. fait reconnoistre son fils vnique
Prince de Castille. 56. fait
la paix entre la Castille &
le Portugal à son auantage.
58. 59. 60. 61. 62. accouche
de sa seconde fille. 61. de
la troisiéme, & de la quatriéme. 72. enuoye conquerir les Canaries. 73. fait tout
de bon la guerre aux Mau-
res, & leur oste le Royaume
de Grenade. 67. 69. 71. 72. 78.
79. met le siege deuant Malaga. 73. 74. & deuant Grenade. 80. 81. 82. *& suiuantes*. entre dans ces villes. 73.
75. 90. 92. aprés la prise de
Grenade elle abat le Iudaisme & le Mahumetisme. 95.
96. 101. 102. *& suiuantes*.
Voyez Inquisition. Est ho-
norée du nom de Catholi-
que par le Pape. 101. assiste
Colomb par sa prudence &
sa liberalité à découurir le
nouueau monde. 113. 114.
115. 121. 122. la joye qu'elle
receut de voir baptizer des
Indiens. 120. ses afflictions.
158. 159. 160. 161. 163. 164.
165. 170. 171. 175. sa maladie.
177. sa belle mort. 178. 179.
180. 181. son corps est porté
à Grenade. 184. son epitaphe. 185. *Voyez* Auteurs,

Eloges & Vertus.
Sainte Isabelle Reine de Portugal canonizée. 6
Isabelle fille aisnée de Ferdinand & de la Reine Isabelle, mariée à Alfonse Prince de Portugal. 80. à Emanuel Roy de Portugal. 162. sa mort. 163
Isabelle de Portugal Reine de Castille, mere d'Isabelle Reine d'Espagne. 15
Isabelle de Portugal Imperatrice, Princesse genereuse. 148
Iudaisme chassé de l'Espagne, par la Reine Isabelle. 107. 108. Iuifs mal traitez en Portugal par le Roy Iean II. 109. 110. chastiez en Espagne pour leurs insolences & cruautez. 69
Iuste Lipse excellent Ecriuain. 4. 136. 137. a fait l'eloge de la Reine Isabelle. 4. 136. 137. repris.

L

LIBERALITEZ de la Reine Isabelle. 81. 149. 150. 151. 152. 154.
Ligue de Ferdinand & des autres Princes contre le Roy Charles VIII. 176. 177
Lipse. *Voyez* Iuste.
Louïs XI. Roy de France, enuoye le Cardinal d'Alby Ambassadeur en Castille, pour le mariage de son frere. 22. 23. 24. reçoit Alfonse Roy de Portugal. 54. 55. mal auec le Duc de Bourgõgne. 55. il n'est pas le premier de nos Rois qui a esté appellé Tres-Chrestien. 97. 98
Louïs XIII. dit le Iuste. 7
Louïs Duc de Bourbon. *Voyez* Bourbon.
Louïs de Mayerne, dit Turquet, Religionnaire. 77. ne parle pas auec assez de respect des Rois. ce qu'il dit de la Reine Isabelle. *là mesme.*
Lutheranisme ne peut mettre le pied en Espagne. 104

M

MADRID. Henry IV. Roy de Castille, meurt en cette ville-là. 32. & la Reine Ieanne sa seconde femme. 55. 56
Magiciens haïs de la Reine Isabelle. 147
Mahumetans. *Voyez* Maures.
Maison de France, la premiere du monde. 99. 100
Malaga assiegée & prise par Ferdinand & Isabelle. 73. 74. 75. 76
Marguerite d'Austriche Reine d'Espagne sainte Princesse. 106 107. 140
Marguerite d'Austriche femme de Iean Prince d'Espagne. 158. 159

Mariage de Ferdinand & d'Isabelle fait contre le gré de Henry Roy de Castille. 22. 23. demandent dispense à Sixte IV. 25. Mariage d'Alfonse Roy de Portugal, & de Ieanne de Castille. 37. 38. d'Isabelle fille aisnée de Ferdinand & d'Elizabeth auec Alfonse Prince de Portugal. 80. auec Emanuel Roy de Portugal. 162. de Philippe d'Austriche auec Ieanne leur 2. fille. 158. 166. d'Artus Prince de Galles, auec Catherine. 157. 170. d'Emanuel auec Marie la quatriéme. 157

Mariana excellent Historien Espagnol. 10. 25. 55. 67. 83. repris par Henry de Sponde. 97

Marie de Castille Reine de Portugal. 57. 169

Martin de Valence Apostre des Mexicains. 138

P. Matthieu repris. 191. 196. il louë la Reine Isabelle. 196. 197

Maures Mahumetans quittent Malaga. 74. 75. 76. Grenade. 88. 89. 90. & en suite sont chassez d'Espagne par la Reine Isabelle, 96. 97. 102. ont voulu faire assassiner cette Princesse. 73. 74. leurs reuoltes contre les Rois d'Espagne. 104. 105. 106. 107. leur Roy Mahumet Boabdelem, dit le Petit, pris prisonnier. 71. son differend auec Boabdelen el Zelgal. *là mesme*. donne les clefs de l'Alhambra à Ferdinand & à Isabelle. 90

Maurisques. *Voyez* Maures.

Medina del Campo. 19. 46. la Reine Isabelle y meurt. 178. 180. 184. 187

Mendoça, illustre Maison en Espagne. 41. 42. 105. 106. *Voyez* Gonzales de Mendoça Cardinal.

Mexicains conuertis à la Foy par le Pere Martin de Valence. 128

Minimes receus en Espagne par Isabelle & Ferdinand. 74. 75. 152

Monde nouueau découuert. 95. 112. 113. 114. 115. 116. 130. 131. 136. 137

Monasteres bastis, fondez, rentez & reformez par la liberalité & les soins de la Reine Isabelle. 149. 150. 151. 152. 189

Mores. *Voyez* Maures.

Mort d'Alfonse Roy de Portugal. 63. d'Artus Prince de Galles. 170. d'Alfonse Prince de Portugal. 161. de Charles Duc de Guyenne. 24. d'Elizabet ou Isabelle Reine d'Espagne. 178. de Ferdinand son mari. 184. de Henry IV. Roy de Castille. 30. de Iean Prince d'Espagne, fils vnique d'Isabelle & de Ferdinand. 159. 160. d'Isabelle Reine de Portu-

gal, & de ſon fils Michel. 163. 165. de Philippe Roy de Caſtille. 181
Moſquées des Maures conuerties en Egliſes de Chreſtiens. 78. 93. la grande Moſquée de Grenade eſt aujourd'huy l'Egliſe Cathedrale de cette ville-là. 83. 93. 94

N

NAISSANCE de la Reine Iſabelle. 13. 82. de ſa fille Iſabelle 25. de Iean ſon fils vnique. 56. de Ieanne ſa ſeconde fille. 91. de ſes filles Catherine & Marie. 72. de l'Empereur Charles V. 169. Ferdinand premier. 168
Naples Royaume enuahi ſur le Roy Louïs douziéme, par Ferdinand Roy d'Arragon. 4
Nauarre Royaume pris par le meſme ſur Iean d'Albret & Catherine de Foix. 4. 5. 190. 191. Eleonor ſuccede à ce Royaume-là aprés la mort de Iean ſecond, Roy d'Arragon pere de Ferdinand. 57
Nauires donnez à Colomb par la Reine Iſabelle 115
Nobleſſe des anceſtres paternels & maternels de la Reine Iſabelle. 9. 10. 11. 12

O

OCAGNE, ſes habitans quittent le Marquis de Villena, & obeïſſent à la Reine Iſabelle. 51
Oiſiueté haye par cette Reine. 155. 156. 157
Ordre de la Conception 152. 153. 154
Ordre des Minimes receu en Eſpagne. 74. 75. 152

P

PAIX entre les Caſtillans & les Portugais, faite par la Reine Iſabelle & Beatrix Ducheſſe de Viſeo. 58. 59. 60. 62
Palais d'Iſabelle. *Voyez* Cour.
Partizans de la Reine Iſabelle dans la Caſtille. 42. 43. d'Alfonſe Roy de Portugal. 39. 40. 46. 47
Comte de Paredes ennemi du Marquis de Villena. 50
Paul Second contraire aux Caſtillans reuoltez. 16
Philippe Premier, Archiduc d'Auſtriche, & Roy de Caſtille, appellé le Bel par les Eſpagnols. 171. 172. 175. ſes galanteries. *là meſme*. en mauuaiſe intelligence auec ſon beau-pere. 181. 182
Philippe Second Roy d'Eſpagne, dit le Prudent, 64. 105. fait la guerre & ſurmonte les Mauriſques rebelles. 105. 106

Philippe Troisiéme les chasse d'Espagne. 106. 107
Philippe de Comines excellent Historien. 100 101. 159. 176. 177. sa plainte contre le Pape Alexandre VI. 101. l'Empereur Charles V. & les Hommes Illustres l'ont souuent leu & honoré. *là mesme.*
Pierre Giron refusé en mariage par Isabelle de Castille, 21
Pierre Gonçales Cardinal de Mendoça ou d'Espagne, donne vn bon auis à Henry IV. Roy de Castille, 26. 27. lùy persuade de voir sa sœur Isabelle à Segouie. 27. en grand credit à la Cour de la Reine Isabelle, & de Ferdinand. 40. 42. 103. leur donne du secours contre le Portugais. 52. accompagne Isabelle en l'Andalousie durant la guerre des Maures. 72. sa Croix posée sur la Tour de Grenade. 91. adoucit quelques rigueurs de l'Inquisition. 103. preside au Conseil de Castille. 114. prie Isabelle de donner l'Archeuesché de Tolede à François Ximenés. 143. estant Archeuesque de Seuille, il tascha d'appaiser les differends entre Henry & Isabelle. 18. 19
Iean Roy de Portugal succede à Alfonse V. son pere, loüé par Mariana. 55
Portugais hais des Castillans. 163. 164
Procession à Madrid pour le bannissement des Maurisques. 107
Prudencio de Sandoual Historien Espagnol. 105
Prudence de la Reine Isabelle pour appaiser les troubles. 45. 46. pour conseruer l'honneur de ses Dames & Demoiselles. 141. 142
Pureté, *Voyez* Cour.

Q

A. QVINTAVILLE Tresorier d'Isabelle, presente la Requeste de Colomb au Conseil de cette Reine. 114. 115

R

REGRETS des Castillans & des Espagnols pour la mort de la Reine Isabelle. 186. 187. 189. 190. 199. pour celle du Prince Iean son fils vnique. 159. 160
Requegna liure Villena à Ferdinand. 46

S

SCAVANS honorez & respectez par Isabelle Reine de Castille. 142. 150
Sceuole & Loüis de Sainte-Marthe. 26. 42. 54. 55. 196
Scipion du Pleix reprend iudicieusement Garibay. 98. 99. 100

Segouie ville de Castille où Henry de Castille vit sa sœur Isabelle. 27. 28. 29
Seneque le Tragique a predit la découuerte du nouueau monde. 116. 117. 118
Siege de Burgos. 49. 50. de Grenade. 81. 82. 85. 86. 88. 89. de Malaga 73. 75. de Toro. 44. 48. 54.
Silua maison illustre en Castille & en Portugal. 50. 152
Sobrieté de la Reine Isabelle. 156. 189. 197

T

TALAVERA. *Voyez* Ferdinand.
Thomas de la Tour bruslée Inquisiteur. 108
Monsieur le President de Thou parle en faueur de Bethancour, & de nostre nation dans son Histoire. 133. 134. il rapporte aussi les particularitez de la reuolte des Maurisques contre Philippe Second Roy d'Espagne. 105. 106. il louë la Reine Isabelle. 193
Toro. *Voyez* Siege.
Turquet. *Voyez* Louïs de Mayerne.

V

VERTVS & bonnes qualitez de la Reine Isabelle. 5. 6. 155. 156. 185. 186. 189. 192. 193. 194. 196. 197. 199. 200. 201. 202. 203
Marquis de Villena de la Maison de Pacecho partizan d'Alfonse Roy de Portugal, & tuteur de Ieanne de Castille. 39. sa constance & sa generosité. 46. 47. est suiui des factieux, & fait vn nouueau serment au Portugais. 50. il se plaint de ce Roy. 51. son mécontentement. 53. reconnoist Isabelle & Ferdinand. 62. les sert fidelement durant la guerre de Grenade. 62. 70. 82. brusle les villages & les maisons de plaisance des Grenadins. 82. 83. leur brusle quinze gros bourgs. 84. découure leurs tresors dans les rochers. *là mesme*. entre dans Grenade. 91. estoit appellé la meilleure lance d'Espagne. 39. ses exploits. 84
Villes données à l'Infante Isabelle par le Roy son pere. 14. 15. & par vn traité de paix. 19. ostées aux Maures par cette Reine & son mari Ferdinand. 71. 73. 75. 78. 89. 91
Vniuersitez celebres en Espagne, reçoiuent des liberalitez de la Reine Isabelle. 150
Vrbain Huictiéme canonise Elizabet d'Arragon Reine de Portugal. 6

X

XIMENES. François Ximenés, Confesseur de la Reine Isabelle. 143. elle l'introduit dans le Conseil. 5. 143. elle le defend contre le General des Cordeliers, & contre le Roy Ferdinand. 143. 144. 145. trompé par vn Ethiopien. 145. 146. est Cardinal & Inquisiteur de la Foy. 144. sa prudence en sa conduite. 143. 145. 146. appaise les Grenadins montagnars reuoltez. 145. 146. 147. Fondateur de l'Vniuersité d'Alcala de Henares. 169. executeur du Testament de la Reine Isabelle. 181

Y

l'YNCA Garcilasso a écrit l'Histoire des Yncas, dans laquelle il oste la gloire auec adresse à Colomb, d'auoir découuert le nouueau monde. 124. 125. 126. 127. 128. 129. 132

Z

ZAHARA surprise par les Mores sur les Chrestiens. 69. 71

Zamora ville de Castille prise par Alfonse V. Roy de Portugal. 40. il l'abandonne, 51. son Chasteau pris par le Roy Ferdinand. 54

Zele d'Isabelle de Castille contre les Infideles, les Mores & les Iuifs. 67. 69. 70. 72. 73. 78. 79. 86. 87. 95. 96. 101. 102. 103. 104. 107. 108. pour la conuersion des Indiens. 140. 137. 138

Fautes de l'Impreſſion corrigées pour le ſoulagement du Lecteur.

PAGE 12. *ligne* 21. *rayez* non ſeulement.
Pag. 22. *ligne* 15. agée *liſez* agé.
Pag. 32. *lig.* 15. mourut *liſez* meurt.
Pag. 51. *lig.* 28. pere *liſez* frere.
Pag. 89. *lig.* 17. XXVI. *liſez* XXV.
Pag. 108. *lig.* 6. auc *liſez* auec.
Pag. 135. *lig.* 27. langueurs *liſez* longueurs.
Pag. 142. *lig.* 4. preſence *liſez* prudence. *lig.* 10. la *liſez* ſa.
Pag. 150. *lig.* 1. Signença *liſez* Siguenza.
Pag. 151. *lig.* 27. Montreo *liſez* Montorio.

APPROBATION DES DOCTEVRS.

NOVS *soußignez Docteurs en la sacrée Faculté de Theologie de Paris, certifions auoir veû & leû vn Liure qui a pour titre,* La Parfaite Heroïne, ou l'Histoire de la vie, & de la mort d'Elizabeth, ou Isabelle de Castille Reine d'Espagne, surnommée la Genereuse & la Catholique, *composé par le R. P. F.* HILARION DE COSTE, *Religieux de l'Ordre des Minimes, de S. François de Paule, dans lequel nous n'auons rien troué qui soit contraire à la foy & aux bonnes mœurs. Fait à Paris au College de Nauarre, le neufiéme Nouembre mil six cens soixante.*

Signé, P. COPPIN. D. GVYART.

PERMISSION DES SVPERIEVRS.

NOVS Frere PIERRE APREST Prouincial de l'Ordre des Minimes en la Prouince de France, permettons au R. Pere HILARION DE COSTE, Religieux & Theologien de nostredit Ordre & Prouince, de faire imprimer le Liure qu'il a composé, qui porte pour titre, La parfaite Heroïne, ou l'Histoire de la vie & de la mort d'Elizabeth, ou Isabelle de Castille Reine d'Espagne, surnommée la Genereuse & la Catholique, moyennant les Approbations des Docteurs, & des Theologiens de nostre Ordre. En foy dequoy nous auons signé les presentes en nostre Conuent de Paris le 14. Octobre 1660.

Fr. PIERRE APREST Prouincial.

Approbation des Theologiens de l'Ordre.

NOus soubsignez Religieux de l'Ordre des Minimes, par commission expresse de nos Superieurs majeurs, auons veû, leû & examiné le Liure intitulé, La Parfaite Heroïne ou l'Histoire de la vie d'Isabelle de Castille Reine des Espagnes, composé par le R. Pere HILARION DE COSTE Religieux du mesme Ordre, auquel nous n'auons rien reconnu de contraire à nostre sainte Foy, ni aux bonnes mœurs, ains y auons obserué vne exacte diligence & fidelité de l'Auteur jointe à vne insigne pieté, qui sont les qualitez d'vn parfait Historien: en sorte que l'on pourroit mettre en doute si les rares & eminentes vertus dont cette Princesse a esté doüée, luy auroient acquis à meilleur titre la qualité de Parfaite Heroïne, qu'à luy celle d'vn Parfait Historien. Et ce sentiment dans lequel nous sommes ne pourra estre desauoüé de personne, comme nous croyons, qui fera la mesme lecture d'vn esprit non preoccupé. En foy dequoy nous auons signé la presente en nostre Conuent de Paris, le 1. de Septembre 1660.

Fr. IACQVES MARGVERIN.
Fr. FRANÇOIS DE LA NOÜE.

PRIVILEGE DV ROY.

LOVIS PAR LA GRACE DE DIEV ROY DE FRANCE ET DE NAVARRE: A nos amez & feaux Conseillers les Gens tenans nostre Parlement de Paris, Maistres des Requestes ordinaires de nostre Hostel, Preuost de Paris ou son Lieutenant Ciuil, & autres nos Officiers qu'il appartiendra, Salut. Nostre bien amé le Pere HILARION DE COSTE Prestre Religieux Minime de la Maison de Paris, nous a fait remonstrer que dans ses plus serieuses estudes, & sur les memoires qu'il a curieusement recouurez, il a composé vn Liure intitulé: *La Parfaite Heroïne, ou l'Histoire de la vie & de la mort de defunte Isabelle de Castille Reine d'Espagne, surnommée la genereuse & Catholique*, qu'il donneroit volontiers au Public, s'il nous plaisoit luy en accorder la permission, & pour ce nos Lettres necessaires. A CES CAVSES voulant fauorablement traiter l'Exposant, & luy témoigner la satisfaction auec laquelle nous receuons tels ouurages: Nous luy auons permis & accordé, permettons & accordons par ces presentes, la permission de faire imprimer vne ou plusieurs fois ledit Liure intitulé: *La Parfaite Heroïne, ou l'Histoire de la vie & de la mort de defunte Isabelle de Castille Reine d'Espagne, surnommée la Genereuse & Catholique*, en tel caractere, marge, & volume qu'il trou-

P

uera le plus propre: Et ce pendant le temps & espace de sept ans, à commencer du iour que ledit Liure sera acheué d'imprimer. Durant lequel temps, nous faisons tres-expresses defenses à tous autres Imprimeurs ou Libraires d'imprimer ni faire imprimer ledit Liure, vendre ni debiter iceluy, sous pretexte de changement de langue, augmentation, correction ou autrement, sur peine de confiscation des exemplaires, de cinq cens liures d'amende, & de tous dépens, dommages, & interests, à condition d'en mettre deux exemplaires en nostre Bibliotheque publique, vn en nostre Cabinet des Liures, & vn autre en la Bibliotheque de nostre tres-cher & feal le Sieur Seguier Chancelier de France, Cheualier de nos Ordres, auant l'exposer en vente, & de le faire registrer és registres du Syndic de la Communauté des Libraires de nostre Ville & Vniuersité de Paris, à peine de demeurer décheu de la presente permission. Si vous mandons & à chacun de vous ordonnons, que vous ayez à faire iouïr l'Exposant du contenu en ces presentes, pleinement & paisiblement, sans souffrir qu'il y soit troublé, en mettant toutefois au commencement ou à la fin dudit Liure, vn extrait de la presente permission, qui ce faisant sera tenuë pour deuëment signifiée. Commandons au premier nostre Huissier ou Sergent sur ce requis, faire pour l'execution des presentes, tous exploits & significations necessaires, sans pour ce demander autre permission. Nonobstant Clameur de Haro, Chartre Normande, & toutes autres chóses à ce contraires. CAR tel est nostre plaisir. DONNÉ à Fontainebleau le vingt-quatriéme iour de May, l'an de grace mil six cens soixante & vn, & de nostre Regne le dix-neufiéme. Signé, Par le Roy en son Conseil, VIGNERON, & seellé du grand seau de cire iaune.

www.ingramcontent.com/pod-product-compliance
Ingram Content Group UK Ltd.
Pitfield, Milton Keynes, MK11 3LW, UK
UKHW021045220726
13924UKWH00005B/2021